GUIDE DE SURVIE DES JEUNES GRANDS-PARENTS

(PARCE QUE VOUS PENSIEZ VRAIMENT POUVOIR VOUS LA COULER DOUCE MAINTENANT ?)

Dans la même collection

Guide de survie des jeunes retraités, Marie-Pascale et Hervé Anseaume
Guide de survie du jeune papa, Laurent Moreau
Guide de survie de la future maman, Marie Thuillier
Guide de survie de la jeune maman, Marie Thuillier
Guide de survie de la cinquantaine, Marie-Pascale et Hervé Anseaume

Leduc.s Humour est une marque des éditions Leduc.s. Découvrez la totalité du catalogue Leduc.s et achetez directement les ouvrages qui vous intéressent sur le site :
www.editionsleduc.com
Retrouvez toute l'actualité Leduc.s Humour
sur les réseaux sociaux

Illustrations : Pacco
Maquette : Sébastienne Ocampo
Design de couverture : Bernard Amiard

© 2015, Leduc.s Humour, une marque des éditions Leduc.s
10 place des Cinq-Martyrs-du-Lycée-Buffon
75015 Paris - France
ISBN : 978-2-36704-053-0

MARIE THUILLIER   MARIE-PASCALE & HERVÉ ANSEAUME

GUIDE DE SURVIE DES JEUNES GRANDS-PARENTS

(PARCE QUE VOUS PENSIEZ VRAIMENT POUVOIR VOUS LA COULER DOUCE MAINTENANT ?)

Quelques listes pour vous faire gagner des points avec votre fille/belle-fille/future maman : RDV à la dernière page !

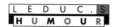

La dédicace des grands-parents :

*Tendrement à nos 4 petits-enfants
et à ceux qui suivront, nous l'espérons.*

*(Noëmie, Anaë, Nine, Brieuc, nous vous avons
souvent mis au lit avec une histoire, nous étions
loin d'imaginer que nous vous coucherions
aujourd'hui sur le papier…)*

*Tendrement à notre co-auteur Marie, guide avisée
de nos plumes inexpérimentées, pour sa patience,
son indulgence, ses rires en nous lisant,
et ses conseils de pro.*

SOMMAIRE

PROFESSION : GRANDS-PARENTS 7

L'ANNONCE ET L'ATTENTE DU BÉBÉ................................. 37

LA NAISSANCE 61

VOS PREMIERS MOIS DE GRANDS-PARENTS................83

VOTRE PETIT-ENFANT QUI GRANDIT (1 À 5 ANS) 111

GRANDS-PARENTS CONFIRMÉS (6 ANS ET PLUS) 131

Chicouf : n.m. désignant ce qui est petit, mignon, bruyant, attachant, épuisant, craquant, qui bouleverse notre vie en arrivant et qui la rend plus belle.

Surnom tiré de notre tendance à penser "chic, ils arrivent" puis "ouf, ils repartent".

Expression qui définit le mieux nos amours de petits-enfants.

PROFESSION : GRANDS-PARENTS

14 PROFESSIONS qu'on exerce en devenant grands-parents

1. **Chauffeur**, pour les emmener au piano, aller les chercher chez une copine, les amener à l'école, les ramener à la maison, les accompagner à un anniversaire, les récupérer au foot, comment ça il n'est pas là, et merde, aujourd'hui c'était rugby.

2. **Infirmier**, pour les petits bobos, voire pompier pour les plus gros, avec sirène invisible intégrée au-dessus de la tête.

3. **Banquière**, pour "dépanner", comme on dit. C'est vrai qu'un chèque de 500 euros par enfant pour le stage à la Toussaint, ça dépanne. Surtout quand il y a 3 enfants.

4. **Comique**, avec – heureusement – un public plutôt chaleureux, et particulièrement sensible au comique de répétition et aux blagues contenant les mots "caca" ou "prout".

5. **Psy**, pour les petits bobos de la tête, les gros chagrins et les moyens caprices, et aussi juste pour le plaisir de recueillir des confidences.

6. **Petite souris**, bien plus ponctuelle qu'il y a 30 ans, grâce à des années d'entraînement.

7. **Négociatrice**, un livre et puis c'est tout. Bon ok, deux. Bon, trois, mais alors on arrête le dessin animé maintenant. Bon et puis tant pis va, fais-moi une place et file-moi un bonbon, on ne dira rien à tes parents.

8. **Cuisinier**, le terme englobant aussi celui de fabriqueur de purée Mousline et celui de chercheur de McDrive.

9. **Schizophrène professionnel**, censé passer en dix minutes du rôle d'élève à celui de maîtresse, de celui d'ogre à celui de bébé, puis de celui de princesse à celui de pompier, le tout sans y laisser sa santé mentale ni se tromper dans les dialogues.
10. **Père Noël**, mais sans lutins.
11. **Conteuse**, peu à cheval sur le nombre d'heures travaillées (même en nocturne) ni le nombre d'œuvres écumées.
12. **Agent de nettoyage**, chargé des fonctions de ramasseur de bouts de pain humides coincés un peu partout, enleveur de petites traces de mains sur les carreaux, gratteur de dentifrice fluo dans l'évier, épongeur d'eau sur le carrelage de la salle de bains, etc.
13. **Tueuse de loups**, en particulier ceux cachés sous le lit qui pourraient venir altérer la qualité du sommeil "chicoufien".
14. **Chercheur de doudou**. Et trouveur, on vous souhaite.

15 CITATIONS sur les grands-parents

1. **Trop méchant :**
   Si les grands-parents et les petits-enfants s'entendent si bien... c'est parce qu'ils ont un ennemi en commun : la mère !
   Claudette Colbert

2. **Trop mieux :**
   Ce qui fait que les grands-pères s'entendent aussi bien avec les petits-enfants, c'est que, pour ces derniers, la vie n'est pas encore assez sérieuse et que, pour les aïeuls, elle ne l'est plus autant.
   Tristan Bernard

3. **Trop pas :**
   Les petits-enfants mûrissent les grands-parents, je veux dire : les rapprochent du gâtisme.
   Henry de Montherlant

4. **Trop mignon :**
   Si j'avais su combien c'est merveilleux d'avoir des petits-enfants, je les aurais eus d'abord.
   Lois Wise

5. **Trop vrai :**
   Il y a dans le regard des grands-parents une lumière particulière qui ne s'éteindra jamais.
   Jean Gastaldi

6. **Trop dommage pour nous :**
   Les enfants martyrs sont ceux qu'on embrasse trop. Les grands-mères sont particulièrement recherchées pour cette tâche de tortionnaire.
   Henry de Montherlant

7. Trop cassé :
"Je suis plus jeune que toi" dit le petit Julien âgé de cinq ans à son grand-père. Et le grand-père répond : "Oh, moi aussi je suis jeune, mais depuis plus longtemps que toi."
Jacques Salomé

8. Trop "bah voyons" :
Avoir des petits-enfants ne signifie pas forcément qu'on est vieux. Mais ça veut dire qu'on est marié à une grand-mère.
G. Norman Collie

9. Trop chou (et trop étonnant vu l'auteur) :
Les grands-mères font exprès d'être sourdes pour que leurs petits-enfants se souviennent de l'odeur de leurs cheveux quand ils leur parlaient à l'oreille.
Patrick Sébastien

10. Trop hors sujet :
Si tu reviens j'annule tout.
Nicolas Sarkozy

11. Trop niaise (mais assez vraie) (on espère en tout cas) :
Personne ne peut faire pour les enfants ce que font les grands-parents. Ceux-ci répandent une espèce de poudre d'étoiles sur leurs vies.
Alex Hale

12. Trop rien compris :
La grand-mère te fait sentir que tu l'as attendue toute la journée, et maintenant qu'elle est arrivée, la journée est complète.
Marcy de Maree

13. Trop rien compris non plus :
Les femmes sont curieuses ; fassent le ciel et la morale qu'elles contentent leur curiosité d'une manière plus légitime qu'Ève leur grand-mère et n'aillent pas faire des questions au serpent.
Théophile Gautier

14. Trop ambigu quand on la prononce vite :
La vie n'a pas d'âge. La vraie jeunesse ne s'use pas.
Jacques Prévert

15. Trop bien vu :
Mon grand-père et ma grand-mère étaient tous les deux sourds. Mais ils s'entendaient très bien.
Michel Galabru

On dirait que le temps passe : 20 ÉTAPES
qui vous ont déjà mis un petit coup de vieux

1. La tête de Jean-Paul Belmondo.
2. La tête de Brigitte Bardot.
3. Votre tête ce matin en vous levant.
4. La tête du copain sur Facebook, perdu de vue depuis 40 ans.
5. Le jour où le président de la République est devenu plus jeune que vous.
6. La première fois que vous avez répondu par votre année de naissance, quand on vous a demandé votre âge.
7. La première fois qu'on vous a cédé une place assise dans le bus.
8. Le premier cadeau de fête des mères payé par vos enfants.
9. La dernière rentrée scolaire de vos enfants.
10. La fois où vous avez pleuré à la fin de la kermesse : c'était la dernière.
11. Le jour où votre aîné a signé son premier CDI.
12. La première fois que vous vous êtes surpris à repasser une culotte.
13. Quand vous avez mis "0" dans la case "Enfants à charge."
14. Quand on vous a proposé une crème anti-taches pour les mains.
15. Quand vous vous êtes créé une boîte mail commune.

16. L'achat de votre lit inclinable.

17. Votre premier chariot de courses.

18. Le jour où vous avez commencé à compter les mentons de la plus belle de vos copines.

19. La première fois que vous n'avez pas eu d'érection en la voyant.

20. La première fois que vous n'avez pas eu d'érection tout court.

À afficher dans les toilettes : 26 CHOSES que tout grand-parent se doit d'apprendre absolument à ses "chicoufs"

1. Faire craquer son nez.
2. Faire un nœud de queues de cerises dans sa bouche, seulement avec la langue.
3. Faire bouger ses oreilles.
4. Savoir dire "non".
5. Choisir un melon.
6. Siffler entre ses doigts.
7. Mettre des mots sur ce qu'on ressent.
8. Fabriquer une lanterne en écorce de clémentine.
9. Dire bonjour poliment.
10. Se faire un nez de clown en croûte de Babybel.
11. Avoir le sens de l'humour.
12. Et celui de la famille.
13. Toucher son nez avec sa langue.
14. Danser le jerk.
15. Souffler sur une herbe coincée entre les pouces pour faire un bruit de sirène.
16. Effeuiller les pétales d'une marguerite et finir toujours par "à la folie".
17. Rire de soi.

Profession : grands-parents

18. Dire "anticonstitutionnellement".
19. Profiter de chaque instant.
20. Ne pas avoir peur du ridicule.
21. Accepter les compliments.
22. Exprimer ses besoins.
23. Faire du vélo.
24. Rêvasser.
25. Être curieux des autres.
26. Reconnaître la Grande Ourse.

Les 16 GRANDS-MÈRES
les plus cool du monde

1. **Simone Veil**, parce qu'un sondage réalisé par l'Ifop en 2010 la révèle "femme préférée des Français" et que ses petits-enfants peuvent être fiers d'une grand-mère toujours aussi populaire après son retrait de la vie politique.

2. **Caroline de Monaco**, parce que c'est une princesse qui vit sur un rocher, et que rien que ça on dirait un **Walt Disney**.

3. **Jane Fonda**, pour sa beauté et la force de ses convictions, toujours intactes à 77 ans.

4. **Sophie Rostopchine**, plus connue sous le nom de Comtesse de Ségur, parce qu'elle ne se contenta pas de lire des livres à ses petits-enfants, elle les écrivit pour eux. Son œuvre, qui a enchanté des générations de petites filles, a été tirée à 30 millions d'exemplaires.

5. **Iris Apfel**, parce qu'à 93 ans, elle est égérie d'une marque de cosmétiques et court (enfin, marche vite) les défilés de la Fashion Week.

6. **La Mère Denis**, pour sa bonne humeur, son accent du terroir et l'odeur de ses draps si bien lavés.

7. **Carole Bouquet**, parce qu'elle donnerait envie à n'importe qui d'être grand-père à ses côtés.

8. **Geneviève de Fontenay**, parce qu'on aimerait, comme ses petites-filles Adèle et Agathe, savoir si elle dort avec son chapeau.

9. **Estela de Carlotto**, pour son obstination à retrouver 36 ans plus tard son petit-fils, enlevé bébé par la dictature argentine. Un des 113 enfants retrouvés par son association Les Grands-Mères de la place de Mai.

10. **Lucienne Moreau**, parce que c'est la mamie la plus branchée du monde des médias.

11. **Vivienne Westwood**, parce qu'une grand-mère punk surnommée "l'enfant terrible de la mode", ça laisse aux petits-enfants pas mal de liberté concernant leurs choix vestimentaires.

12. **Tina Turner**, parce qu'une aïeule explosive comme elle, qui a vendu plus de 200 millions d'albums, ça vous promet un joli cercle d'amis dans la cour de récréation.

13. **Elizabeth II d'Angleterre**, toujours en forme (à l'heure où nous mettons sous presse), 4 arrière-petits-enfants, et bientôt 5 (à la même heure).

14. **Hertha Wallecker**, Autrichienne de 82 ans, parce qu'elle s'est interposée en 2012 lors d'un braquage de banque et a arraché des mains du gangster armé le sac bourré de billets qu'il venait de se faire remettre. "Il fallait bien que je réagisse, personne ne bougeait à côté de moi" a-t-elle déclaré.

15. **Liliane Bettencourt**, pour ses étrennes.

16. **Vous**.

Les 11 GRANDS-PÈRES
les plus cool du monde

1. **Mick Jagger**, pour la longévité de sa carrière et sa forme olympique à 70 ans passés. Et pour toutes ses conquêtes féminines, qu'on aimerait bien qu'il nous raconte pour nous aider à dormir. Plus rock tu meurs. (D'overdose.)

2. **Victor Hugo**, pour son recueil de poèmes *L'Art d'être grand-père* publié en 1877 et écrit lorsqu'il prend en charge ses deux petits-enfants Georges et Jeanne, après la mort de leurs parents.

3. **Jim Carrey**, pour les cours de grimaces et de pitreries prodigués depuis sa naissance en 2010 à son petit-fils Jackson Riley.

4. **Pierce Brosnan**, parce qu'avoir un grand-père qui s'appelle 007, ça rassure quand on marche avec lui dans la rue le soir.

5. **Harrison Ford**, pour sa phobie des serpents dans *Indiana Jones*. Les aventuriers les plus endurcis peuvent avoir leur petite faiblesse, ses trois petits-enfants ne devraient pas lui en vouloir.

6. **Johnny Hallyday**, parce que vous en connaissez beaucoup des grands-pères qui déménagent comme lui après 55 ans de carrière ? Et puis aussi parce que "ah que coucou", ça fait rire les enfants.

7. **Charlie Sheen**, parce que l'acteur de *Platoon* et de *Wall Street* a annoncé l'arrivée de son premier petit-enfant en 2013 sur Twitter. Cool de prouver ainsi que les grands-parents aussi sont connectés.

Profession : grands-parents

8. **Paul McCartney**, pour avoir été élu "Grand-Parent célèbre le plus sexy" de l'année 2006. Talentueux, célébrissime, richissime... et en plus sexy. Certains grands-pères pourraient en laisser un peu aux autres...

9. **Johnny Knoxville**, pour son rôle dans le film déjanté *Bad Grandpa*, un délirant road-movie d'un grand-père avec son petit-fils à travers les États-Unis.

10. **Carlos Slim Helú**, l'homme le plus riche du monde qui a supplanté Bill Gates, parce que ses petits-enfants mexicains n'ont sans doute pas de soucis à se faire pour leur avenir.

11. **Vous**.

23 SOUVENIRS que vous gardez de vos grands-parents

1. La boîte à bonbons dans l'armoire, première étagère sur la droite.
2. L'odeur du linge repassé.
3. Les fumigations qui brûlaient le visage, pour soigner les rhumes.
4. Le lit tellement bordé que vous n'arriviez plus à bouger.
5. Le beurre aux pommes de terre rissolées.
6. Leur écriture, fine et penchée, identique à celle de tous les autres grands-parents.
7. Le goût des Werther's Original.
8. L'almanach Vermot accroché dans la cuisine.
9. Le tic-tac de la grosse horloge du salon.
10. Leur façon d'ouvrir le papier cadeau, sans jamais le déchirer.
11. Le baiser aux moustaches.
12. La Ouate thermogène pour soigner les bronchites.
13. L'odeur de la soupe aux poireaux.
14. Les gâteaux à la peau de lait.
15. Les cuvettes en émail pour faire la lessive.
16. Le catalogue Manufrance dans les toilettes.
17. Les applications au Vaporub.

18. Leurs phrases qui commençaient par "Pendant la guerre".
19. Le voile sur leurs yeux à ce moment précis.
20. Leur manie de tout garder, "au cas où".
21. Le bruit de la Dauphine, la Traction, la DS ou la Panhard quand ils venaient déjeuner le dimanche.
22. Les Gauloises dans la voiture.
23. Leur façon de dire : "Allez, monte dans l'auto."

Mini QCM grands-parents

1. **Laquelle de ces actrices est devenue grand-mère à seulement 34 ans ?**
   A. Alice Sapritch
   B. Mauricette Chombier
   C. Whoopi Goldberg

2. **Qui a dit : "Je ne comprenais vraiment pas la profondeur de l'expérience que c'est que d'être grand-parent jusqu'à ce que je devienne grand-père" ?**
   A. Le président de la République François Hollande
   B. Le cousin de mon boulanger
   C. Le réalisateur Ron Howard

3. **Qui a avoué avoir été plus nerveux que sa propre fille au moment de la naissance de son premier petit-enfant ?**
   A. Lionel Richie
   B. Albert Einstein
   C. Chuck Norris

4. **Qui a écrit pour sa petite-fille, alors encore dans le ventre de sa maman, le livre *I Already Know I Love You* pour lui déclarer son amour et sa tendresse ?**
   A. Billy Crystal
   B. Patrick Sébastien
   C. Jean d'Ormesson

5. **Qui a dit à ses petits-fils Jean-Victor et Nicolas : "Allez, mes chéris, prenez 25 000 € dans mon porte-monnaie et filez vous acheter des bonbons" ?**
   A. Yvette Horner
   B. Liliane Bettencourt
   C. Mimie Mathy

Profession : grands-parents

6. **Qui a dit : "Je tiens beaucoup à ma montre, c'est mon grand-père qui me l'a vendue sur son lit de mort." ?**
   A. Cléante, le fils d'Harpagon dans *L'Avare*
   B. Jacques Séguéla
   C. Woody Allen

7. **Qui pense très sincèrement que ses petits-enfants sont dotés d'une intelligence précoce ?**
   A. Vous
   B. Vous
   C. Vous

Réponses : 1-C / 2-C / 3-A / 4-A / 5-B / 6-C / 7-oui c'est ça

20 CHOSES que vous ferez mieux que vos grands-parents

1. Vous rangerez les biscuits plus bas dans le placard.
2. Les patins, c'est qu'à la patinoire.
3. Les chaussons, c'est pas obligatoire.
4. Pas de napperon en dentelle sous le téléphone.
5. Vous prendrez les ronds-points dans le bon sens.
6. Et jamais l'autoroute à contre-sens.
7. Vous vous souviendrez de leur prénom.
8. Et même de ceux de leurs parents.
9. Vous attendrez leur départ pour rendre visite à l'oncle Fernand.
10. Vous n'insulterez pas les Allemands devant vos petits-enfants. D'ailleurs, vous avez beaucoup de respect pour Claudia Schiffer.
11. Vous leur laverez délicatement les oreilles. Ou même pas du tout.
12. Ils vous embrasseront sans couper leur respiration.
13. Le bain, c'est un par personne, et tant pis pour la planète.
14. Les gants éponge, c'est bon pour les ardoises seulement.
15. Vos serviettes de toilette passeront par la case sèche-linge.
16. Pour grandir, les Kinder c'est mieux que l'huile de foie de morue.

17. La télé, ça marche encore après 18h30.
18. Les jouets, c'est fait pour s'en servir.
19. Une maison, c'est fait pour être dérangée.
20. 19 heures c'est l'heure de l'apéro, pas du repas.

Le grand-père prend la plume

"CE QUE C'EST QU'ÊTRE VIEUX"

J'observe en rêvassant Joséphine, Martin et Inès, occupés à mettre un grand bazar dans le couloir sur fond d'éclats de rire tonitruants. Quels souvenirs ai-je de mes grands-parents, de leur maison et de nos séjours chez eux ? Et quels souvenirs nos petits-enfants garderont-ils de nous ? Je me souviens d'un pavillon blanc aux volets verts, au fond d'un jardin modeste qui me semblait immense. Quand on poussait la porte, on était saisi par l'odeur, qui imprégnait la maison. L'odeur de nos grands-parents, un peu rance, avec derrière quelque chose qui sentait le vieux papier ou le vieux tissu, ou les deux à la fois. Petit, cette odeur m'enchantait, à 10 ans, elle m'intriguait, ado, je respirais un grand coup et bloquais ma respiration le plus longtemps possible. Récemment, des amis évoquaient les mêmes effluves dans leurs souvenirs, et c'est notre copine dermato qui nous a éclairé sur le sujet : les personnes de plus de 70 ans sécrètent jusqu'à trois fois plus la substance "2-nonénal", due à l'augmentation des acides gras oméga-7 sur notre peau. Ami poète, tu peux passer ton chemin, mais admets que l'exposé a le mérite d'être d'une clarté scientifique troublante.

Pour l'heure, nous sommes de jeunes grands-parents, notre intérieur est clair, et il sent bon (sauf les jours de potage aux poireaux), nous écoutons Stromae et Daft Punk, nous maîtrisons l'informatique et internet, nous twittons et postons sur Facebook, voyageons sur des vols discount, et jouons à Candy Crush sur nos tablettes. Nous sommes en pleine forme, et notre mode de vie est bien peu différent de celui de nos enfants.

En trente ans, les relations avec les petits-enfants se sont complètement transformées : comblé le fossé des générations, envolée cette distance respectueuse que nous inspiraient nos grands-parents, nous parlons aujourd'hui le même langage que nos petits-enfants, nous sommes en contact permanent grâce à Skype, les portables et les réseaux sociaux, aucun chat ne dort dans la pénombre au pied d'une horloge qui fait tic-tac, et notre téléphone fixe ne repose pas sur un napperon à dentelles dans un étui de velours beigeasse. Il est clair qu'aux yeux de notre petite marmaille, nous ne sommes même pas "vieux", comme nous l'ont paru à tout âge nos grands-parents.

Pour une rapide confirmation, je cueille Joséphine qui dévale l'escalier :

– Dis-moi, ma puce, une petite question : est-ce-que Mamie et moi, on est jeune, moyen jeune, moyen vieux, vieux, très vieux ?

– Bah…

Elle hésite, elle a croisé les mains devant elle et les tortille d'un air gêné :

– Bah, pas très vieux mais oui, vieux, vous êtes vieux, quand même.

Mon sourire béat et confiant se fige. Mes illusions volent en éclats à l'instant où Jo nous confirme dans le statut éternel des grands-parents (qui, là-haut, sont sûrement tordus de rire). Pour elle, pour nos petits-enfants, nous sommes tout simplement "vieux". Vieux à 54 ans malgré nos jeans de routard et nos jupes en cuir. C'est évident, comment ai-je pu en douter un instant, présomptueux que je suis ? Bon, pour les odeurs dans la maison, penser à enquêter discrètement auprès d'eux avant leur départ, on ne sait jamais.

TOP 5 des grands-parents qu'on n'aurait pas aimé avoir

1. **Charlemagne**, pour avoir inventé l'école.
2. **Adolf Hitler**.
3. **Grand-Père Driscoll**, pour avoir organisé l'enlèvement de Rémy, par ailleurs très bien raconté par Hector Malot dans *Sans Famille*.
4. **Tatie Danièle**, pour son humour noir qui nous a pourtant bien fait marrer.
5. **Staline**, pour son humour rouge qui n'a pas fait rire tout le monde.

TOP 1 de la petite-fille qu'on est content de pas avoir

Regan Legland, la petite fille dans *L'Exorciste*.

5 RECORDS de grands-parents

1. **Le plus jeune couple de grands-parents :** les Britanniques Shem et Kelly Davies. Ils ont 29 ans. Au printemps 2014, leur fille a accouché à tout juste 14 ans, battant le record de précocité de sa mère qui l'avait eue à 15 ans.

2. **La grand-mère la plus âgée :** ce fut longtemps Jeanne Calment, décédée à 122 ans en 1997. Malheureusement, son seul petit-fils se tua jeune en moto en 1963. La Japonaise Misao Okawa, 116 ans et 4 petits-enfants, est considérée comme la doyenne actuelle de l'humanité.

3. **Le plus grand nombre de petits-enfants :** Viktor et Aneta Urich de Grande Prairie au Canada avec les 100 petits-enfants que leur ont donné leurs 16 enfants. Record contesté par une Philippine qui revendique 107 petits-enfants, nés de ses 18 enfants. Familles nombreuses, familles heureuses...

4. **La plus jeune grand-mère :** Rifca Stanescu à 23 ans tout juste devient mère-grand. Maria naissait dans la treizième année de sa maman. Elle a donné naissance à son petit Ion dans sa dixième année. Hum.

5. **Les grands-parents mariés depuis le plus longtemps :** un couple d'Indiens vivant en Grande-Bretagne, qui alignent 87 ans de vie commune. Avec 28 petits-enfants, ils sont l'un et l'autre plus que centenaires et expliquent la longévité de leur union par l'écoute de l'autre, la fidélité et la tolérance.

16 CLICHÉS sur les grands parents alors que c'est pas vrai du tout (la preuve, merde !!!)

1. **Ils sont à la retraite.**
   Non, pas toujours, sauf s'ils sont fonctionnaires.

2. **Ils ont toujours un pommier dans le jardin.**
   Normal, puisqu'ils vivent toujours dans une ferme.

3. **Ils se réveillent toujours tôt.**
   Oui, très tôt dans l'après-midi, parfois.

4. **Elle tricote avec un chat sur les genoux.**
   La dernière fois qu'elle a essayé, le chat est parti. Il n'est jamais revenu.

5. **Pendant ce temps-là, il fait cuire une bonne pièce de bœuf dans la cheminée.**
   Il est plutôt brochettes et barbecue Weber.

6. **On peut toujours compter sur eux pour les petits-enfants.**
   Sauf quand ils ont quelque chose de prévu. C'est-à-dire souvent. Ok, très souvent.

7. **Ils (enfin "il", surtout) restent très longtemps aux toilettes pour lire le journal.**
   Faux, c'est pour jouer à Candy Crush.

8. **Ils n'ont pas envie de sortir.**
   Non, pas ce soir en effet, ils se sont couchés à 2 heures trois soirs de suite.

9. **Ils ont un dentier sur la table de chevet.**
   En vrai, ils gardent leurs dents pour dormir, ils en ont besoin pour arracher leurs sous-vêtem… non, rien.

Profession : grands-parents

10. Ils piquent la place dans les files d'attente.
Ils redoutent plutôt le jour où on leur proposera de passer à la caisse prioritaire.

11. Ils ont toujours des lunettes.
Et les lentilles de contact, c'est pour les taupes ?

12. Ils n'ont aucune objectivité concernant leurs petits-enfants.
Sauf sur leurs prénoms. Et leurs tenues. Mais ça reste la faute des parents.

13. Elle est un excellent cordon bleu.
Ou alors elle a un super Picard tout près.

14. Ils ont des remèdes magiques pour venir à bout des taches les plus tenaces sur les vêtements.
Comme par exemple jeter et racheter le même vêtement.

15. Ils n'ont plus de sexualité.
Faux, ils adorent xxxxxxxxxxxxxxxxxxxxxxxxx. (Cette partie a été censurée au moment de la relecture par la fille des grands-parents auteurs, merci pour votre compréhension.)

16. Leurs petits-enfants sont leur seule raison de vivre.
Non, ils en ont plein d'autres. Même si celle-là est sans doute la plus belle.

Le grand-père prend la plume

"LA LECTURE DU JOURNAL"

Nous avons, Léa et moi, un cérémonial immuable chaque matin au petit-déjeuner : la lecture de notre quotidien local. Elle grimpe sur mes genoux et épluche avec attention les colonnes du journal. En fin de CP, son petit doigt file sur les lignes et sa facilité à décrypter les phrases qu'elle lit à haute voix me ravit : elle est douée, c'est clair, et ça n'est pas pour m'étonner. J'évite les gros titres de catastrophes, les faits divers sanglants et les conflits du monde, et, en censeur avisé, je tourne rapidement les pages, la guidant vers l'article décrivant les noces d'or de M. et Mme Bluchier ou l'inauguration du nouveau Top Literie. La plongée de ma tartine dans mon bol de café au lait a détourné brièvement mon attention, suffisamment pour que la page des annonces de décès tombe sous ses yeux et capte tout son intérêt. Trop tard, elle a déjà effectué des statistiques sur l'âge des défunts.

– Dis donc, Daddy, pourquoi elle est morte cette dame-là, Mauricette ?

– Parce qu'elle était vieille, ma chérie.

– Elle avait au moins... 45 ans ?

– Non, regarde bien, elle avait 95 ans.

– Ah bon, bah alors, c'est normal qu'elle soit morte.

– Disons que c'est un bel âge pour s'en aller, elle a bien profité de ses enfants et de ses petits-enfants. Tu vois sur l'annonce, elle avait une grande famille.

– Ils sont tristes, tu crois ?

– Oui, sûrement, mais ils vont la garder dans leur cœur toutes leurs vies.

Je pressentais la question, elle est venue :

– Et toi, Daddy, à quel âge tu vas mourir ?

– Ça, on ne le sait pas, ma Léa, j'espère le plus tard possible pour te voir grandir et peut-être connaître tes enfants.

– Mais si tu meurs à 95 ans, tu seras très très vieux, et tu ne pourras plus bouger !

– Euh, non, tu sais, il y a des personnes âgées qui sont encore en forme à cet âge-là.

– J'hésite, je voudrais que tu restes avec moi le plus longtemps possible, mais j'ai pas envie de te voir trop vieux. Bon, alors je voudrais que tu meures à... 60 ans.

J'en reste coi. Cela me donne 7 ans à vivre. Vieux mais encore en forme, selon Léa. 7 ans : l'équivalent du temps qu'elle a déjà vécu, autant dire l'éternité devant elle. Allez, va pour mourir à 60 ans, je ne sais décidément rien lui refuser.

L'ANNONCE ET L'ATTENTE DU BÉBÉ

Nous, déjà grands-parents ? 24 INDICES
qui auraient dû vous mettre la puce à l'oreille

1. Vous avez fini de rembourser le prêt de votre maison.
2. Vous avez reçu par la poste une proposition de convention d'obsèques.
3. Depuis votre première 2 CV d'occasion, vous venez de calculer que vous en êtes à votre douzième voiture.
4. La fille de votre ami d'enfance est enceinte. Pourtant hier, elle avait 8 ans.
5. Dans le miroir de l'entrée, les invitations à des mariages ont été remplacées par une invitation à un test de dépistage du cancer colorectal.
6. Ça fait bien longtemps que vous ne pouvez plus lire d'annuaire ou de carte Michelin.
7. Ça tombe bien, ça fait bien longtemps que ça n'existe plus.
8. Vous adorez Nostalgie.
9. Vous trouvez depuis longtemps que partir pendant les vacances scolaires, c'est de la connerie.
10. Ça fait longtemps que vous n'avez pas mangé de saucisses Herta.
11. Avant, vous étiez vexé quand on oubliait votre anniversaire. Maintenant vous êtes vexé quand on y pense.
12. Votre fille n'a plus de boutons.
13. Il vous est déjà arrivé de dire "sac à provisions".
14. Ça fait un moment qu'on ne vous a pas appelé Mademoiselle.

15. Vous avez maintenant l'âge où vous trouviez vos parents vieux.

16. Il y a bien 15 ans que vous n'avez pas déménagé un copain.

17. Vous avez autant de chambres d'amis que vous avez d'enfants.

18. Vous êtes à jour dans votre linge.

19. Votre enfant et sa moitié ont changé de voiture.

20. Et ils ont même installé des volets roulants chez eux.

21. Vous n'avez plus besoin de caddie pour faire vos courses.

22. Quand vous dites "Coucou, je suis rentrée !", personne ne vous répond.

23. Votre dentiste vient de vous annoncer la nécessité d'envisager un tout petit et très discret appareil amovible.

24. Vous avez éclaté de rire, pas lui.

16 PREUVES qu'on est peut-être en train de vous annoncer que vous allez être grands-parents

1. Dans ce petit haut, votre fille a plus de poitrine que vous deux réunis.
2. On vous a mis dans les mains une échographie et vous êtes formelle : ce n'est pas votre utérus.
3. Votre belle-fille n'est pas ivre.
4. Votre fils, lui, est bourré pour deux.
5. Vous avez surpris le regard mièvre de votre fils passant doucement la main sur le ventre de votre belle-fille.
6. Votre belle-fille est ballonnée.
7. Pour la première fois, ils s'inquiètent de savoir ce que vous ferez dans 8 mois et demi.
8. Ça fait huit fois, au téléphone, qu'ils vous demandent si vous êtes bien assis.
9. On vous a offert un pot de confiture Bonne Maman.
10. Et des yaourts Mamie Nova.
11. Vous les avez remerciés poliment, ils ont eu l'air un peu décontenancés.
12. Ils viennent de vous offrir ce livre. (En disant qu'il paraît qu'il est génial.)

13. Ils vous ont demandé dix fois la confirmation que vous serez bien là ce soir, "TOUS LES DEUX".

14. Elle vous demande : "Il faisait combien de centimètres mon crâne à la naissance ?"

15. Il blêmit en entendant la réponse.

16. Ce jeune couple devant vous a l'air plus amoureux que jamais.

L'annonce et l'attente du bébé

22 CHOSES à ne pas dire au moment de l'annonce

1. Ce que t'es drôle.
2. Ce que t'es con.
3. Écoute mon amour, ta vie sexuelle ne me regarde pas, je préfère ne pas savoir.
4. T'es enceinte ? Ça alors, moi aussi !
5. Mais ça ne risque pas de perturber un peu votre chat ?
6. Et à part ça ?
7. Mais pourquoi, vous n'étiez pas heureux à deux ?
8. Un bébé ? Bon d'accord, si tu veux ma chérie.
9. Ah bah quand même !
10. Déjà ?
11. Si vous avez besoin d'argent, ce n'est pas la peine d'y aller par ces chemins détournés.
12. Ma petite fille, la pilule, il fallait te la mettre entre les genoux et serrer très fort.
13. Tu veux que j'aille t'acheter une pilule du lendemain ?
14. Ah oui ? À propos, j'ai oublié de vous dire : la chatte de la voisine a eu une portée de 12.
15. Vous m'aviez dit qu'avec vos boulots, vous vous croisiez sur le paillasson. Ça n'a pas dû être confortable.
16. C'est pour les allocs ?

17. 5 minutes de plaisir, 30 ans d'emmerdes.

18. Pourvu qu'il soit plus de notre côté.

19. Tu connais le papa ?

20. Selon le Code civil (art. 371.4), tous (les grands-parents) doivent pouvoir entretenir une "relation personnelle" avec leurs petits-enfants. Sur ce, bonne soirée.

21. Et alors, tu veux une médaille ?

22. Coquine, va.

16 RÉACTIONS qui prouvent que vous êtes un peu perturbés

1. Vous avez failli rouler une pelle à votre beau-fils.
2. Vous avez dit "C'est pas vrai, je vais être maman ?!" à votre fille.
3. Ou "Des yaourts Mamie Nova ? Ma petite fille va être grand-mère, félicitations ma chérie !"
4. Vous avez dit "Bravo ma couille" à votre gendre.
5. Pour la balade digestive, vous avez mis le chien dans le réfrigérateur et promené le pack de bières au bout de la laisse.
6. Vous avez saisi le menton de votre patron pour jouer au premier-qui-rira.
7. Vous avez rêvé que vous jouiez à la belote avec votre petit-fils dans le ventre de sa mère.
8. Vous avez demandé à votre secrétaire de vous apporter un bébé sans sucre.
9. Vous avez très envie d'un enfant.
10. Vous trouvez soudain beaucoup de charme à votre concierge moustachue.
11. Vous avez un élan de tendresse pour vos rides.
12. Vous avez demandé à vos enfants de confirmer la grossesse par lettre recommandée avec accusé de réception.
13. Vous avez fait la-petite-bête-qui-monte-qui-monte à Mauricette Truchard, la comptable (qui vous a giflé).

14. Vous avez passé la réunion commerciale à dessiner en tirant la langue une princesse-qui-vole-et-qui-pète.

15. Au restaurant, le regard vague, vous avez sucé votre pouce en effilochant un vieux mouchoir, et dit "pas faim, envie dodo" au serveur.

16. Vous avez passé une nuit au poste pour avoir tagué sur la façade du commissariat de police : "Vous savez quoi, mes poulets : je vais être grand-père !"

18 SOUVENIRS qui vous remonteront peut-être en mémoire

1. Le jour où vous avez appris que vous alliez être papa/maman.
2. Le matin où elle a fait ses premiers pas, dans le couloir près de votre chambre.
3. Le jour où elle a compris comment on faisait des enfants et qu'elle a dit "beurk".
4. Le sourire radieux de vos parents à l'annonce de la future naissance de leur 18e petit-enfant.
5. Tous les câlins du dimanche matin.
6. Le prénom de sa première poupée.
7. Le nombre de formulaires à remplir (rentrée scolaire, activités, etc.).
8. L'odeur des baisers dans son cou à la maternité.
9. Le jour où il vous a dit qu'il aurait 12 enfants.
10. Celui où il vous a dit que finalement il n'en aurait pas.
11. Son premier chagrin d'amour.
12. Le premier amoureux qu'elle vous a présenté.
13. Et qui heureusement n'était pas le dernier.
14. La première fois que vous avez vu le bon.

15. Le jour où vous avez rangé la layette de vos enfants dans du papier de soie en pensant que ça resservirait dans 100 ans.

16. La douleur de l'épisiotomie.

17. Sa 1re rentrée des classes (c'était avant-hier).

18. Son départ de la maison (c'était hier).

13 SYMPTÔMES d'une grossesse nerveuse

1. Votre premier réflexe du matin, c'est de vomir.
2. Vous vous touchez le ventre en disant "il a bougé".
3. Vous avez demandé à votre employeur un congé maternité.
4. Vous avez pris 3 kg.
5. Bon ok, 7. Mais c'est un gros bébé.
6. Vous vous bourrez de Spasfon pour calmer vos contractions.
7. Vous comprenez enfin pourquoi vous n'avez plus vos règles depuis quatre ans.
8. Vous avez très envie de choucroute, en conserve si possible.
9. Après 12 essais infructueux, vous décidez de changer de marque de test de grossesse.
10. Vous affirmez à vos proches que votre gynéco vous a demandé de ralentir la cadence.
11. Vous vérifiez avant de le manger que le fromage est pasteurisé.
12. Vous regardez *Les Maternelles*, le matin sur la 5.
13. Votre résolution santé 2015, c'est de vous faire masser le périnée.

13 CHOSES qui ont bien changé, depuis votre grossesse

1. On vous conseillait un verre de vin par repas pendant la grossesse.
2. Et de manger des huîtres, si ça vous faisait plaisir.
3. Les vêtements de grossesse, c'était à partir du 6e mois, pas du 6e jour.
4. Montrer son ventre relevait de l'attentat à la pudeur, pas de la tendance 2.0.
5. Il n'y avait pas de caisse prioritaire dans les supermarchés, mais plein de gens gentils qui vous cédaient leur place.
6. À l'époque, pas besoin d'accoucher de triplés pour rester 10 jours à la maternité.
7. Le bisphénol A avait de beaux jours devant lui dans les tétines et les biberons.
8. Votre mère ou votre belle-mère venait vous aider pendant 15 jours à votre retour de la maternité.
9. Et vous ne vous êtes jamais demandé si vous étiez d'accord ou pas.
10. Vous fumiez en changeant sa couche.
11. Il n'y avait pas besoin d'un Bac+7 pour déplier une poussette.
12. Les installer dans un parc en bois, ce n'était pas une punition.
13. Les édredons de bébé étaient gentils, les oreillers aussi.

L'annonce et l'attente du bébé

12 CHOSES qui vous énerveront chez la jeune maman enceinte

1. Elle met la charrue avant les bœufs : elle a trouvé le prénom avant de trouver le papa et a dévalisé Petit Bateau avant la confirmation de la grossesse.

2. Elle passe son temps avec ses nouvelles copines virtuelles de "Meilleuremaman.com" (en particulier Natacha56, maman de Titilou, qui la comble de bonheur, et de Toutounette, son petit être de lumière).

3. Elle refuse les draps du berceau qui servent depuis 15 générations.

4. Elle a le col rétréci et va donc accoucher forcément avec 15 mois d'avance.

5. Elle balance des photos de son ventre sur Facebook.

6. Elle saura comment faire puisque c'est écrit dans son blog.

7. Elle préfère du foie gras en boîte à celui que vous avez cuisiné avec amour.

8. Elle appelle son bébé "BB1".

9. Elle dit qu'elle a rendez-vous chez le "gygy" (que vous appelez "Gigi l'Amoroso").

10. Elle n'a pas jugé utile de vous demander l'autorisation pour le prénom.

11. Elle vous demande les photos de votre fils à la naissance, tout ça pour essayer d'en faire un plus beau.

12. Enceinte, elle est plus mince que vous pas enceinte.

8 MÉTHODES pour déterminer votre petit nom

1. **La méthode prénom**
   Mamie Catherine et Papi Patrick par exemple, simple et efficace quoiqu'un peu surprenant si vous avez un prénom à consonance américaine.

2. **La méthode théorie du genre**
   Mamie Patrick et Papi Catherine, parce que c'est très 2015.

3. **La méthode socio-culturelle**
   Grand'Pa et Grand'Ma pour affirmer votre attachement aux valeurs de la famille et aux catalogues Cyrillus, Pépère et Mémère pour revendiquer votre amour des choses simples et du Ricard pour l'apéro.

4. **La méthode fayot**
   Parce que c'est vachement plus vendeur d'aller en week-end chez Tchoupi et Dora que chez Pépé et Mémé.

5. **La méthode message subliminal**
   Papi HuitHeuresDeSommeilMinimum, Grand-Mère PasTropDeBruit.

6. **La méthode géographique**
   Mamie de Bois-Colombes, Papi-Saint-Denis pour l'option "particule-chic", ou Papi93 avec le numéro de département, mais ça fait un peu pervers de site de rencontre.

7. **La méthode consanguine, également appelée "Tant que ça reste en famille"**
   Mamie Maman et Papi Papa ou Tata Mamie et Cousin Papi.

L'annonce et l'attente du bébé

8. La méthode jeu de mot

Consiste à utiliser la dernière syllabe du premier mot pour en créer un second : Mamie-Molette, Papie-Toresque, Daddy-Namyte, Grand-Mère-Credi, Pépé-Rinée, par exemple.

22 CHOSES que vous devriez peut-être faire rapidement

1. Vous habituer à votre belle-fille.
2. Retenir son prénom.
3. Accepter de la rencontrer.
4. Bref, faire le deuil de l'ex de votre fils.
5. Expliquer à votre fille comment on fait les enfants.
6. Lui expliquer aussi comment on n'en fait pas.
7. Partir en *road trip* en famille.
8. Vous mettre à jour dans les albums photo.
9. Faire vos comptes.
10. Partir à Bali pendant 6 mois.
11. Répertorier votre cave à vin sur votre ordi.
12. Partir au Guatemala pendant 6 ans.
13. Partir hors congés scolaires.
14. Partir à Pékin pendant 6 siècles.
15. Déménager. Très loin.
16. À défaut, avoir une discussion de plus de 10 minutes avec lui.
17. Trouver l'activité passionnante qui vous fournira des alibis pour ne pas être disponible.
18. Apprendre le tricot.
19. Passer votre brevet de secouriste.

20. Réaliser qu'ils ne sont plus vos petits pour qui vous savez ce qui est bon ou pas.

21. Intégrer qu'ils ont atteint l'âge que vous aviez lorsque vous vous sentiez responsables et raisonnables.

22. Emmener votre enfant seul(e) en week-end et lui offrir une gaufre comme avant.

9 (VRAIES) MÉTHODES
de grand-mère pour connaître le sexe du "chicouf"

1. **Un pendule positionné au-dessus du ventre de la maman qui tourne indique la présence d'une petite fille. Si ça balance, c'est un garçon.**
   À moins que ce ne soit le contraire…

2. **Quand la future maman se lève du pied droit, c'est un garçon. Si elle se lève du pied gauche, c'est une fille.**
   Si elle se lève en sautant à pieds joints, consultez rapidement un médecin ou demandez-lui le nom de son dealer.

3. **Énervez votre belle-fille afin qu'elle mette ses mains sur ses hanches. Ses pouces sont orientés vers son ventre ? C'est un garçon. Ils sont orientés vers son dos ? C'est une fille.**
   Elle a éclaté en sanglots ? Vous y êtes peut-être allés un peu fort.

4. **Elle finit systématiquement vos plateaux de fromages ? C'est un garçon.**
   (Et c'est le moment de planquer le dernier camembert.)

5. **Elle a le ventre pointu et haut : c'est un garçon. Il est arrondi et bas : c'est une fille.**
   Si vous habitez au sud de la Loire, c'est l'inverse. Si vous le souhaitez, c'est l'inverse aussi.

6. **Si la maman est mélancolique, c'est un garçon. Si la maman est nostalgique, c'est une fille.**
   Si la maman n'est ni l'un ni l'autre, elle n'est pas enceinte (et si malgré tout, elle est plutôt gaie, c'est une fille).

L'annonce et l'attente du bébé

7. La peau des mains de la maman est sèche : c'est un garçon. La peau de sa figure est sèche : c'est une fille.
Elle a la peau grasse et les mains moites, c'est un chiot.

8. Vous hésitez à passer à la méthode bassine d'eau froide tellement elle semble d'humeur grivoise avec son amoureux ? Elle attend une fille.
(Et que vous partiez, aussi.)

9. Mettez du sel sur sa poitrine : s'il fond, c'est une fille.
(Et si elle vous en colle une, c'est mérité.)

15 QUESTIONS un peu trop indiscrètes

1. T'en es où avec ton bouchon muqueux ?
2. Es-tu bien attentive à l'aspect de tes pertes ?
3. Vous continuez à avoir des rapports ?
4. Tu préfères mon fils ou ton bébé ?
5. Il a été conçu dans quelle position ?
6. Ton vagin te semble plutôt élastique ?
7. Tu ne regrettes pas ?
8. Ça t'a fait plaisir au moins ?
9. S'il est manchot, tu le gardes ?
10. Et s'il est manchot et cul de jatte ?
11. Tu espères qu'il ressemblera à qui ?
12. As-tu prévu des antidépresseurs ?
13. Es-tu sujette aux hémorroïdes ?
14. Combien pour que vous me disiez le sexe ?
15. Bon ok, je respecte. Dites-moi juste, bleue ou rose, la chambre ?

21 CHOSES que vous aimeriez bien ne pas leur transmettre, tant qu'à faire

1. Votre angoisse du dimanche soir.
2. Votre gros penchant pour le bon vin.
3. Vos orteils.
4. Votre procrastination, qui n'a rien à voir avec votre prostate mais plutôt avec votre tendance à tout remettre à demain.
5. Votre façon de vous moucher bruyamment sous la douche.
6. Vos dettes.
7. Votre peur de l'avion (non mon chéri tout va bien, c'est juste que j'adore crier et vomir avant le décollage, c'est une tradition hindoue).
8. Votre tour de bassin.
9. Vos allergies au chat et au changement.
10. L'angoisse de l'électrocution dans la salle de bain (merci Cloclo).
11. Votre intolérance aux gens qui bloquent les caisses de supermarché pour retrouver leurs bons de réduction.
12. Vos vérifications obsessionnelles de la fermeture de la porte de la maison et de la voiture.
13. Votre impossibilité à dormir à proximité d'un tiroir mal fermé.

14. Votre obstination à marcher sur le trottoir en imaginant des catastrophes si vous posez le pied sur la prochaine rainure.
15. Votre indécision devant les choix et votre recours compulsif au "pif paf pouf".
16. Votre calvitie.
17. Votre inattention.
18. Votre haine incontrôlable pour les reniflements à intervalles réguliers.
19. Et pour les gens qui font le geste des guillemets en disant "entre parenthèses".
20. Votre dégoût pour les mots "rance" et "croûte".
21. Le sida.

LA NAISSANCE

TOP 19 des choses qu'il est malvenu de faire, à quelques jours du terme

1. Divorcer.
2. Partir au bout du monde.
3. Faire un AVC.
4. Tomber en dépression.
5. Perdre sa propre mère.
6. Dire que vous avez changé d'avis, finalement vous ne voulez plus.
7. Lui conseiller d'avoir des rapports sexuels pour accélérer le processus.
8. Ou de venir faire le ménage chez vous, sinon.
9. Faire du saut en parachute sans parachute.
10. Annoncer à sa fille que son père n'est pas son père.
11. Dire à votre fils "je ne la sens pas trop cette fille".
12. Organiser leur mariage surprise chez eux.
13. Les inviter à dîner pour un ailloli.
14. Leur servir des fruits de mer pas frais.
15. Annoncer que vous avez enfin retrouvé du boulot.
16. Commencer vos démarches pour adopter un enfant.
17. Douter de leur amour.
18. Vous faire tatouer le prénom de votre petit-fils sur le front.
19. Surtout si vous l'avez choisi seul(e), le prénom.

12 PREUVES que c'est imminent

1. Vous dormez sur votre téléphone.
2. Vous venez de finir votre tricot taille naissance.
3. Vous vous étonnez de vous croiser devant le miroir du salon, vous étiez pourtant sûr(e) d'être en salle d'accouchement.
4. La future maman n'a rien publié sur son mur FB depuis une heure.
5. Elle a lavé toutes ses vitres. C'est la première fois depuis 3 ans.
6. Vous avez des contractions par procuration.
7. Vous avez entendu dans le téléphone : "on est en route pour la maternité", et cette fois ce n'était pas un rêve.
8. Vous avez reçu une photo de blouse bleue et perfusion.
9. Vous recevez cet énigmatique SMS : "... :) ... "
10. Ou celui-là : "Magne-toi faut vraiment qu'on y aille Anatole dort à tout je t'aime j'ai peur."
11. Les animaux se sont tus et la nature s'est figée.
12. Vous avez vu une cigogne passer dans le ciel.

La naissance

22 CADEAUX que vous auriez demandés, si vous aviez le droit à une liste pour la naissance

1. Quinze ans de moins.
2. Un caméscope qui se déclenche automatiquement au premier sourire, aux premiers pas, aux premiers mots.
3. Une poussette agréée à la fois par les parents et par le bon sens.
4. Des tables basses sans angles.
5. Une intervention rapide et non douloureuse pour effacer ces "lignes sur le cou".
6. Des nouvelles baskets pour arriver à courir à coté de la trottinette.
7. Ou des nouvelles jambes, s'il n'y a plus.
8. Des escaliers équipés d'airbags.
9. Une assurance contre tous les bobos qui peuvent leur arriver sous votre toit.
10. Le dos de vos 30 ans, pour porter tous vos petits-enfants en même temps.
11. Des Miles pour partir les retrouver où qu'ils soient dans le monde.
12. Une mémoire infaillible, pour vous rappeler de tout à partir de maintenant.
13. Une libido au top.
14. Des boules Quiès.

15. Un robot-liseur-d'histoires-avant-de-s'endormir (pour les soirs où il y a foot).
16. Un drone d'intérieur spécialisé dans la localisation des doudous perdus.
17. Un chien renifleur, dressé à la recherche des pièces de puzzle manquantes.
18. Une citerne de Nutella dans le jardin.
19. Un ralentisseur de temps.
20. Vos deux parents, jeunes et heureux, pour qu'ils réalisent vraiment que vous l'êtes aussi.
21. Vos grands-parents vivants, juste pour une heure, pour qu'ils voient qu'il y a encore un peu d'eux.
22. Une maison modulable, grande quand ils sont tous là et qui se replie quand tout le monde s'en va.

Le grand-père prend la plume

"CHAGRIN DU DÉPART"

Je vois sa petite main s'agiter vers nous dans l'habitacle de la voiture qui s'éloigne, elle se tord le cou pour que nos yeux restent ensemble jusqu'au coin de la rue qui l'emporte. Elle est partie, mardi c'est la rentrée des classes. Nous restons seuls, les bras ballants, niais, désemparés. En cette fin d'été, elle a rempli la maison de sa joie de vivre et de ses éclats de rires, du récit détaillé de ses vacances, de ses projets pour septembre (ses parents l'ont inscrite à la danse classique), de la liste des copines qu'elle aimerait tant retrouver la semaine prochaine dans sa nouvelle classe. Nous avons pédalé en forêt, passé une journée à la mer, un après-midi au parc d'attractions, joué d'acharnées parties de Mistigri, mangé des chouquettes au petit-déjeuner, rigolé, fait des câlins et des concours de rots. Tous les soirs en la couchant bien trop tard, nous lui avons lu *Le Chat botté* et joué à cache-cache sous la couette. Inès est repartie poursuivre chez elle sa vie de petite fille, quoi de plus normal ? Nous refermons la porte sur la maison silencieuse. Nous avons 1000 choses très importantes à faire, après son séjour qui a mobilisé tout notre temps pour elle. Bien sûr, 1000 choses… Je ne retrouve même pas la première, de toute façon, pas envie. Seulement envie d'ouvrir la porte-fenêtre qui donne sur le jardin, de faire quelques pas en respirant à fond et en évitant soigneusement de regarder la poupée qui traîne sur la pelouse, puis, en me traitant d'idiot, de lever la tête vers le marronnier dont les feuilles ont déjà pris leur teinte d'automne. Histoire d'empêcher deux foutues larmes de déborder de mes paupières.

REMISE À NIVEAU : Entourez les mots qui n'ont rien à voir avec un accouchement

1. Monitoring
2. Amnioscopie
3. Déclenchement
4. Dilatation
5. Faux-travail
6. Panda
7. Forceps
8. Ocytocine
9. Vernix caseosa
10. Clé de 12
11. Hégémonie des exactions
12. Drosser
13. Liminaire

Réponses : 6, 10, 11, 12, 13

Grossesse et accouchement :
17 CHOSES FORMIDABLES
(ou pas) qui se font de nos jours

Calculez le degré de "boboïtude" (de 0 à 1807) des jeunes parents en additionnant les points des actions effectuées ou en cours.

1. Faire un don de sang placentaire (ou don de sang de cordon). +20
2. Accoucher sans douleur. +5
3. Accoucher dans la douleur EXPRÈS. +50
4. Accoucher dans l'eau. +30
5. Accoucher chez soi alors même qu'on avait le temps d'aller à la maternité. +40
6. Être adepte des "*Pee parties*" ou "Fêtes du pipi", une tendance qui prend de l'ampleur au Royaume-Uni et qui consiste pour les jeunes femmes à se réunir sur des forums internet autour du thème… des tests de grossesse. Annonce de la date, description détaillée, résultats, tout y est. Tchin. +60
7. Participer à des "*Wombtubes*", contraction des termes *womb* (utérus en anglais) et Youtube. Même principe ici, sauf que c'est filmé et balancé en ligne. Re-tchin. +70
8. Faire appel à un "*baby planner*" : c'est le petit-fils du *wedding planner*, puisqu'il intervient non pour la préparation du mariage mais pour celle de la naissance… Achat de matériel de puériculture, conseils nutritionnels, prise de rendez-vous médicaux, il s'occupe de tout. (Sauf de pousser, quand même.) +60

9. Poster des photos d'échographie sur Facebook. +20

10. Organiser une *"Baby shower"*, ou "fête prénatale" (et non pas "douche de bébé", mais merci quand même pour votre intervention), consistant à fêter l'arrivée du bébé autour de pâtisseries et de cadeaux, quelques semaines avant son arrivée. +30

11. Organiser une *"Fœtus party"*, phénomène flippant venu des États-Unis, où les futures mamans invitent leurs proches à une séance d'échographie en 3 ou 4 dimensions... Certaines entreprises proposent aussi des magnets et des nounours personnalisés à l'effigie du fœtus. +72

12. Organiser une *"Gender reveal party"* (décidemment, c'est la fête) durant laquelle les parents et leurs proches découvrent le sexe de leur enfant dans un gâteau. Enfin c'est une image. On s'explique : le boulanger est tenu au courant du sexe du bébé suite à l'écho, et, à l'abri du regard des parents, prépare un gâteau dont l'intérieur est coloré ou décoré en fonction. Il faudra attendre de le découper pour découvrir la surprise ! +232

13. Faire un "shooting d'accouchement", qui consiste à faire appel à un photographe professionnel pour immortaliser le ventre rond. +65

14. Commander une sculpture de fœtus : une entreprise japonaise se propose de réaliser une sculpture à partir d'une échographie 3D, pour la somme de 1000 euros. +893

15. Faire sa *"Dadchelor party"*, ou enterrement de vie du futur papa. Autrement dit, ce que vous appeliez à l'époque "La méchante cuite que je me suis prise la veille de la naissance." +35

16. Accoucher en direct sur Twitter : les futures mamans les plus geek choisissent de raconter leur accouchement de A à Z en temps réel sur Internet via le réseau social Twitter, imposant des phrases de 140 caractères maximum. "Aïïï ïïï ïïe", par exemple. (Vous pouvez vérifier, le compte est bon.) +125

17. Accoucher en wifi : grâce à un petit boîtier rond constitué d'un émetteur à brancher au nombril et d'un récepteur à déposer dans la maternité, les femmes ont désormais la possibilité d'accoucher à New-York quand elles sont à Paris, afin de pouvoir continuer leur shopping tout en poussant, mais non enfin, c'était juste pour voir si vous suiviez.

La naissance

14 PENSÉES qui vous traverseront l'esprit en arrivant à la maternité

1. Pourvu qu'ils aillent tous bien.
2. J'espère que la belle-mère n'est pas passée avant.
3. Et si je le trouvais moche…
4. Et mince, mes mouchoirs.
5. On s'aimait comment quand notre premier enfant est né ?
6. Comment je vais faire pour expliquer à ses parents qu'il vaut mieux que je reparte avec le bébé ce soir ?
7. Pourvu que mon fils ait mieux fini son enfant qu'il ne finissait ses dissertations de français.
8. Maintenant mon chéri, on est du même côté.
9. Est-ce que je leur ai assez dit que je les aimais comme enfants, avant de les aimer comme parents ?
10. C'est curieux, une maternité quand on n'a pas mal.
11. Est-ce que ça ne va pas sonner quand je vais entrer, ce pantalon en cuir ?
12. Un doudou, une boîte à musique, cinq pyjamas naissance, une timbale pour bébé, un bracelet en or pour la maman, un coffret Formule 1 pour le jeune papa, c'est pas un peu juste pour leur dire ma joie ?
13. Rester zen pour le prénom, rester zen pour le prénom, rester zen pour le prénom…
14. C'était donc vrai, cette grossesse.

28 TRUCS à ne pas dire
quand on vous annonce le prénom

1. Non mais allez, sans blague, c'est quoi son prénom ?
2. Glaire ? Ah oui : Claire !
3. Bon, d'accord.
4. Ouch ça fait un peu "Des Chiffres et des Lettres" non ?
5. Oh, c'est marrant.
6. Comme ton ex ?
7. C'est noté.
8. Oh c'est le prénom du garçon de ferme qui puait et n'avait plus de dents près de chez ton arrière-grand-mère…
9. Mais ça vient de quoi ? Enfin d'où ?
10. C'est bien, ça va l'endurcir.
11. Ok. Pour moi, ça sera Domitille si ça ne vous ennuie pas.
12. Tu sais que depuis 1993, l'officier d'état civil peut avertir le procureur de la République ?
13. Va falloir que je m'entraîne un peu à le dire.
14. C'est très, comment dire, très… guttural.
15. T'es sûre que c'est un prénom d'humain ?
16. Tu vas vraiment le mettre sur le faire-part de naissance ?
17. L'avantage, c'est qu'il n'y en aura pas d'autre dans sa classe. Ni dans son école. Ni dans son pays.

La naissance

18. On aurait quand même pu en discuter ensemble. Je pensais que vous saviez que vous pouviez tout nous dire.

19. Mais il va s'appeler comme ça toute la vie ?

20. Ça fait pas un peu actrice porno ?

21. C'est mignon, on dirait un nom de petite préfecture de région.

22. C'est le fruit d'un pari ? Vous avez dû gagner.

23. Y a-t-il encore quelque chose à faire pour vous faire changer d'avis ?

24. Tu vas rire, ça m'évoque un produit pour déboucher les canalisations.

25. Il est déjà déclaré à l'état civil, ou tu peux encore changer ?

26. Ok, dis moi combien tu veux.

27. Ça vous gêne si je l'appelle par son nom de famille ?

28. Au moins, le bébé est normal, lui, c'est l'essentiel.

Allons, allons : **16 PRÉNOMS**
qui auraient pu être (encore) pire

1. Clitorine
2. Émile-Louis
3. Adolf
4. Marie-Varicelle
5. Clinis (en hommage à Clinis Wood)
6. Imilie
7. Œdipe
8. Beyoncé
9. Marie-Juana
10. Gordon-Zola (en hommage à la fois à l'auteur et au fromage)
11. Tchoupi
12. Fleur de Sel
13. Shakira
14. Shakira-Shakira
15. Verginie
16. Jean-Psoriasis

Bonus : les 20 PIRES PRÉNOMS donnés en 2013

20. Rocket

19. Panda

18. Leviathan

17. Legend

16. Hurricane

15. Danish

14. Cheese

13. Apollo

12. Ripley

11. Pipin

10. Zabrina

9. Green

8. Feline

7. Ajax

6. Eternity

5. Blip

4. Kiwi

3. Zona

2. Tintin

1. Sida

Source : Topito.com

28 PHRASES à ne pas dire
à votre (belle-) fille qui allaite

1. Waou la taille des machins !
2. Profite, bientôt tu marcheras dessus.
3. Tu crois que si je lui tends les miens il tête aussi ?
4. Pauvre petit.
5. Je te sers un petit whisky ?
6. T'es sûre qu'il boit ?
7. Ça me dégoûte.
8. Ça m'excite.
9. Et le papa, ça l'excite ?
10. Il serait peut-être temps de couper le cordon.
11. Si tu veux, je peux te traire.
12. Il est bio au moins, ton lait ?
13. J'aimerais bien être à sa place.
14. Qu'est-ce qu'on ne ferait pas pour économiser quelques euros.
15. Meeeeeeeeeeeuh.
16. Je peux goûter ?
17. Tu comptes t'arrêter avant sa majorité ?
18. Et le papa, il le vit bien que tu l'évinces comme ça ?
19. Tu m'en mets un nuage dans le café ?

La naissance

20. Pourquoi tu t'infliges ça ?

21. Et lui, tu lui as demandé son avis ?

22. Ça fait mal les crevasses ? *(Non, c'est comme l'épisiotomie, ça chatouille.)*

23. Rassure-moi, c'est pas ton lait dans la pâte à crêpes ?

24. C'est vachement bien foutu quand même. On dirait un gros cubi.

25. Ça te va bien d'avoir des seins.

26. Je peux mettre une photo sur Facebook ?

27. Les montées de lait, ça monte jusqu'où à peu près ?

28. Attention, tu viens de me gicler dans l'œil.

14 RÉPONSES à apporter (ou pas) à une jeune maman qui se plaint de ses points de suture

1. "Périnée en chou-fleur, enfant du bonheur !"
2. C'est important de relativiser... Souviens-toi de la vache du père Alfred qui avait vêlé quand on était en vacances dans le Limousin. Le vétérinaire a mis 1 heure à la recoudre. Pauvre bête...
3. Chacun son tour.
4. Regarde comme il est beau. Je pensais que tu trouverais que ça valait le coup.
5. Je te l'avais bien dit : fluide dans le sens des vacances, rouge pour le retour.
6. Allez, le 2e passera mieux.
7. Ils t'ont recousu comment ? À la machine à coudre, à l'agrafeuse ?
8. Ça me dégoûte rien que d'y penser.
9. Écoute, ma chérie, il fallait réfléchir avant.
10. On ne fait pas d'omelette sans casser des œufs.
11. Tu aurais préféré une césarienne ?
12. Tiens, ça me donne envie de relire *La Porte étroite* de Gide.
13. Que je sache, on t'attend pas à l'Opéra ce soir pour faire le grand écart, si ?
14. On voit que tu n'as jamais eu d'arthrose dans les doigts.

Guide de bonne conduite à la maternité en
21 POINTS

1. On pense à embrasser la maman avant de se précipiter sur le bébé.

2. On ne dit pas au bébé en arrivant dans la chambre : "Ça va aller maintenant, t'inquiète pas, Mamie est là."

3. On ne part pas en courant avec l'enfant.

4. On ne dit pas : "Ouh là, t'as pas l'air au top ma chérie." Même si c'est vrai.

5. On ne débarque pas en faisant des entrechats et en chantant : "Vous êtes des champions, vous êtes des champions, vous êtes vous êtes vous êtes des champions." Bref, on maîtrise sa joie.

6. On ne fond pas en larmes et on ne se roule pas par terre. Bref, on maîtrise ses angoisses.

7. On ne supplie pas la sage-femme d'installer un matelas pour vous cette nuit.

8. On n'essaye pas en cachette d'allaiter le petit.

9. On ne soulève pas la couette sans prévenir pour voir l'épisiotomie.

10. On ne demande pas à l'infirmière si elle a quelque chose sous sa blouse.

11. On n'allume pas la télé, même un soir de match.

12. On ne dit pas : "L'endroit est sinistre, je ne vais pas m'attarder."

13. On ne saute pas sur la jeune maman pour lui signifier sa joie et sa reconnaissance.

14. On ne fait pas de boutade sur l'inversion des bracelets dans les maternités.

15. On n'entre pas en demandant : "Comment il s'appelle déjà ?"

16. Ni : "Tiens au fait, garçon ou fille ?"

17. On ne propose pas à la maman de repartir avec le bébé pour qu'elle profite pleinement du séjour. C'est une maternité, pas une thalasso.

18. On n'insiste pas trop sur la surprise dans la phrase : "Mais c'est qu'il est beau !!!!"

19. On ne dit pas à la belle-mère : "Tiens, vous êtes là ? Je n'étais pas sûr que quelqu'un ait pensé à vous prévenir."

20. On ne dit pas non plus tout ça à la mère.

21. On enregistre tout dans sa tête, pour pouvoir se repasser le film les 50 prochaines années.

10 PREUVES que cet enfant est le plus réussi de l'histoire des enfants

1. Il vous ressemble.
2. Il vous déclenche des montées de bonheur à distance.
3. Il ne ressemble pas à votre belle-mère.
4. Votre enfant le tient dans ses bras.
5. Il est encore plus beau que dans vos rêves les plus fous.
6. Et c'est de loin le plus beau de la maternité.
7. D'ailleurs, vous avez surpris un regard admiratif (et limite jaloux) de l'infirmière.
8. Il fait l'unanimité dans votre couple.
9. Il semble très éveillé pour son âge.
10. La preuve, hier à la maternité, il a dit "Mamie".

TOP 1 des avantages d'être grand-mère plutôt que mère

Ne pas avoir d'épisiotomie.

VOS PREMIERS MOIS DE GRANDS-PARENTS

17 OBJETS que vous ne pensiez pas revoir chez vous de si tôt

Bonus : Parmi ces objets, neuf vous serviront à vous dans quelques décennies, saurez-vous les retrouver ?

1. Du Doliprane dans une bouteille rose.
2. Une poussette qui encombre l'entrée.
3. Un thermomètre anal.
4. Un déambulateur.
5. Des couches.
6. Des Lego sur votre chemin quand vous marchez pieds nus.
7. Des ustensiles Playmobil dans votre sac aspirateur.
8. Un lit à barreau.
9. Un tapis antidérapant dans la baignoire.
10. Des bouteilles d'eau minérale.
11. Un goupillon.
12. Des livres écrits très gros.
13. De la lessive spécial bébé.
14. Des gâteaux pour les "sans-dents".
15. Du Mustela dans la baignoire.
16. Un canard qui ne vibre même pas pour le bain.
17. Des bavoirs.

Réponses : 3 / 4 / 5 / 9 / 10 / 12 / 14 / 16 / 17

Le grand-père prend la plume

"CAUCHEMAR"

J'ai au travail quelques responsabilités, un carnet de commandes à remplir, un contrôleur de l'Urssaf au bureau, un patron caractériel et une secrétaire qui me harcèle pour que je l'équipe d'un repose-pied réglable. Je fais de l'escalade, du saut à l'élastique et je prends des cours de self-défense. Ceux qui me connaissent savent que j'ignore le stress. Je suis solide, j'agis, je fonce, je n'ai peur de rien. Une seule perspective m'affole : mettre en pyjama Martin avant de le coucher.

Je suis seul avec lui ce soir. J'ai pensé fréquemment à cette épreuve dans la journée, à la profonde solitude qui m'attend devant la couche à changer, à l'absolue détresse qui sera la mienne devant le petit pyjama en éponge à enfiler. En réunion, j'ai tenté de me remémorer le sens de la couche sur la table à langer, pieds du bébé tirés vers le haut, pour dégager les fesses, je crois, ou couche déployée et dépose du bébé ensuite, je ne sais plus. Les languettes adhésives, sur le dessus ou sur le dessous ? Ensuite, la phase d'assemblage particulièrement délicate et technique des deux languettes vers le centre, attention, si la couche est mal positionnée, les languettes sont décalées, il faut recommencer sinon risque de fuite. Et l'adhésif ne donne pas toujours une deuxième chance. En rendez-vous avec mon DRH, j'ai répété l'enfilage du pyjama. Martin bouge toujours beaucoup et se retourne, je dois le maintenir d'une main et passer les bras et les jambes de l'autre dans des conduits de tissu éponge ridiculement étroits, mais où sont les 3e et 4e mains nécessaires à la manœuvre ?

Quant aux boutons-pression, c'est un exercice redoutable : il faut remonter très haut sur le dos l'espèce de clapet du pyjama qui doit recouvrir l'arrière de la couche et repérer la concordance des petites tétons métalliques qui émettent un clic de délivrance quand on les assemble. Mais qu'il faudra évidemment disjoindre les uns après les autres et repositionner de nouveau par la faute du dernier bouton sournoisement dissimulé dans un pli du tissu.

Et pendant ce temps, Martin pleure, bien sûr. Il en a marre, voilà près d'une heure que dure le pugilat. Il pleure bizarrement, avec un bruit de trompette, non, de sirène, c'est affreux, j'ai très chaud, je lui dis chuuuttttt, chuuuttttt.

"C'est pas en disant chuuuttttt que ton réveil va s'éteindre", grogne sa grand-mère à côté de moi.

Elle ajoute avant de replonger dans le sommeil, coupant net l'intense bouffée de soulagement qui m'a envahi : "Ne rentre pas trop tard, tu te souviens que tu t'occupes de Martin ce soir ?"

9 OBJETS chez vous que votre chicouf n'aimera pas

1. La photo de l'arrière-grand-père encadrée sur le bureau.
2. La tête de sanglier dans l'escalier.
3. La poupée de votre enfance.
4. Le masque ramené du Carnaval de Venise.
5. Et celui ramené d'Afrique.
6. La suspension de sa chambre qui prend des formes de monstres à la nuit tombée.
7. La grosse armoire normande qui grince, héritée de votre grand-mère.
8. La photo du CD de Jimi Hendrix et celle de David Bowie.
9. L'album photo poussiéreux, sur lequel on n'a même pas le droit de mettre les doigts.

14 FAÇONS de marquer des points par rapport à la partie adverse

1. **Lui avoir demandé l'autorisation avant de lui toucher le ventre, pendant la grossesse.**
   "Ton corps est sacré, il s'y passe des choses merveilleuses entre toi et ton enfant, j'ai trop de respect pour ce mystère pour me permettre d'y accéder sans ton aval."

2. **Leur répéter qu'ils doivent faire comme ils le sentent.**
   "Nous ne sommes pas du genre à vous abreuver de nos conseils. Liberté, liberté chérie, vos décisions seront les bonnes."

3. **Acheter le premier pyjama.**
   "Nous y tenions beaucoup, c'est très symbolique."

4. **Équiper très rapidement l'escalier d'une barrière.**
   "Notre façon d'anticiper sa présence, notre hommage à une petite vie qui remplira notre intérieur dans le respect des normes de sécurité."

5. **Faire jouer ses relations pour une place en crèche.**
   "Oh, nous n'avons aucun mérite, un coup de fil et c'était réglé. Ton beau-père est plombier, cela vous sera sûrement utile un jour."

6. **Acheter une poussette qui se déplie toute seule.**
   "Zénitude et disponibilité en plus pour notre petit-fils."

7. **Proposer de financer les faire-part.**
   "En relief, papier couché, dorure à chaud : l'imprimeur est prévenu, carte blanche."

8. Acheter un âne.
"L'animal est important pour la construction de l'enfant. Et puis, quand il aura grandi, on en fera du saucisson. De l'âne, pas de l'enfant."

9. Demander un mi-temps à son employeur.
"Nous entendons nous rendre disponibles pour cet enfant, quel qu'en soit le prix à payer. Je comprends très bien que tes parents aient un autre point de vue, on a le droit de vouloir vivre pour soi."

10. Acheter un berceau plaqué or.
"J'en ai pris un autre pour chez tes parents. Au cas où tu n'aurais pas confiance en Emmaüs."

11. Donner sa bénédiction à tout et n'importe quoi.
"Roger, c'est mignon, tout comme ce berceau réalisé avec un morceau de pneu de tracteur."

12. Relire tout Marcel Rufo et leur dire.
"On est prêt, on a révisé, on s'est fait réciter."

13. Acheter une maison secondaire en Bretagne.
"Voilà un double des clés, tout le matériel de puériculture est dans la chambre du haut."

14. Mettre un tapis antidérapant dans la baignoire.
"Tes parents n'ont sans doute pas pensé à ce détail, mais il ne faut pas leur en vouloir, ils font ce qu'ils peuvent."

10 PLATS connotés "grands-parents"
(histoire de vous entraîner un peu)
(ou d'oublier la recette rapidement)

1. La tarte aux pommes.
2. La ratatouille.
3. Les endives au jambon.
4. Les pieds de cochon au vin blanc.
5. La langue de bœuf sauce piquante.
6. Les tripes à la mode de Caen.
7. La soupe aux poireaux.
8. Le gratin de chou-fleur.
9. Le museau et les oreilles de porc à la paysanne.
10. Le clafoutis.

TOP 13 des choses qu'on oublie vite, visiblement

1. Déplier un lit parapluie.
2. Se lever la nuit.
3. Installer un siège bébé dans la voiture.
4. Replier un lit parapluie.
5. Ouvrir une poussette.
6. Mettre une couche.
7. Plier une poussette.
8. Compter les dosettes de lait.
9. Sortir un bébé d'un siège bébé.
10. Retrouver des doudous.
11. Fermer toutes les pressions d'un pyjama.
12. Laver les cheveux sans mettre d'eau dans les yeux.
13. Mettre un body croisé.

TOP 1 des choses qu'on retrouve vite, heureusement

L'émerveillement.

La grand-mère prend la plume

"PROJETS DE MARIAGE"

Joséphine grimpe sur mes genoux d'un air décidé. Elle me fait face à califourchon sur mes jambes, et lève l'index droit, comme à l'école, l'air grave et préoccupé. Elle a quelque chose à me dire et ça ne peut pas attendre :

– Dis, Mamie, j'aimerais bien me marier plus tard.

– C'est très bien, ma Joséphine, mais, tu sais, tu as le temps de voir…

– Oui, je sais, mais plus tard, je voudrais me marier avec Daddy.

– Tu ne peux pas te marier avec ton grand-père, Daddy est marié avec moi et un grand-père ne se marie pas avec une petite-fille.

– Alors avec Papa.

– Non plus, ma chérie, on ne se marie pas avec son papa !

– Bon, alors, avec Martin.

– Non, ma Joséphine, Martin est ton frère. Et on ne peut pas se marier avec quelqu'un de sa famille !

Vos premiers mois de grands-parents

Elle me regarde fixement et quelque chose chavire dans son regard. Ses yeux bleus se remplissent de larmes, elle éclate en sanglots, un terrible chagrin de petite fille qui me prend de court. Elle bascule sur ma poitrine et elle a un cri de détresse infinie : "Mais, je vais me marier avec qui, alors ?!"

10 ATTITUDES et REMARQUES de belles-mères qui énervent toutes les belles-filles

1. **Donner de grandes et belles leçons d'autorité :**
   "Tu ne devrais pas le prendre, c'est une comédie. Oui, même s'il a 8 jours."

2. **Remettre en cause les précautions des jeunes parents :**
   "Oh, un peu d'eau du robinet, ça n'a jamais tué personne."

3. **Légitimer son éducation :**
   "On ne s'est pas si mal débrouillés, mon fils semble te convenir…"

4. **Asséner de vraies vérités universelles :**
   "Un enfant plus ça dort, et plus ça dort, de même moins ça dort et…"

5. **Prendre le papa en pitié :**
   "Mon pauvre chéri, avec ton travail EN PLUS tu dois être fatigué."

6. **Commencer ses phrases par "À ta place" :**
   "À ta place, je changerais de pédiatre."

7. **Faire référence à son temps :**
   "À l'époque, on voyait un généraliste et ça se passait très bien."

8. **Valoriser sa propre histoire :**
   "On m'a souvent dit que mes enfants sont EXTRA-ORDINAIRES."

9. Comparer leur progéniture et la vôtre :
"C'est amusant, son père parlait couramment à 14 mois, elle va quand même avoir bientôt 22 mois et 2 semaines."

10. Faire des reproches déguisés à la mère en s'adressant au bébé :
"Bah alors mon bébé, tu n'as pas de gilet, Maman a cru qu'on était en été ?"

7 ATTITUDES ou RÉFLEXIONS de la jeune maman qui énervent toutes les belles-mères

1. Sa disponibilité excessive, et sa tendance à répondre aux "Mamaaaaan ?" quand vous êtes en pleine discussion.

2. Sa façon de vous faire croire qu'elle n'est pas excessivement disponible : "Ma chérie, tu vois bien que Maman parle, enfin, c'est à quel sujet ? Dis-moi, Maman est là."

3. Quand elle ose faire une réflexion sur votre fils votre bataille. Ce n'est tout de même pas sa faute s'il n'entend pas les pleurs la nuit, le bébé n'a qu'à pleurer plus fort.

4. Les références à sa propre famille, tellement belle, équilibrée, serviable, riche et fraîche de l'haleine le matin.

5. Sa façon de TOUT expliquer à son enfant : Maman va aux toilettes vider son méat urinaire, puis Maman revient, bébé ne doit pas pleurer parce que même quand elle fait pipi Maman pense à son petit chouchou qu'elle aime très fort et qu'elle a hâte de retrouver.

6. Son refus de voir parfois que si son enfant pleure, c'est qu'il est fatigué. Surtout quand c'est l'heure de l'apéro.

7. Sa façon de parler de son enfant comme si c'était un prépuce, en l'appelant "Mon p'tit bout".

12 CHIFFRES sur les grands-parents à placer lors d'un dîner, pour prouver que vous avez bien révisé

1. **7 %** : c'est le nombre de grands-parents qui gardent leurs petits-enfants tous les jours.

2. **54 ans** : c'est en moyenne l'âge auquel les femmes deviennent grands-mères. 57 ans pour les grands-pères.

3. **5,2** : c'est le nombre moyen de petits-enfants pour des grands-parents de plus de 75 ans.

4. **60 à 70 %** : c'est le nombre de jeunes grands-mères (50-69 ans) qui revendiquent une certaine liberté par rapport à la garde de leurs petits-enfants. Si les grands-mères les plus âgées ont à cœur de dépanner à chaque demande, les plus jeunes penchent plutôt pour le : "Les petits-enfants chez moi, quand je le veux !"

5. **42 %** : c'est la part des jeunes grands-mères à apprécier l'appellation "Mamie", contre 60 % pour les 70-80 ans. Une frange de "jeunes" préfère même être appelée "sans dénomination avec un simple tutoiement" ou par leur prénom.

6. **50 %** : c'est la proportion des grands-mères de 50 à 79 ans utilisant internet pour garder le contact avec leurs petits-enfants. Mais le téléphone reste à plus de 90 %, toutes générations confondues, le premier mode de communication. Un quart des 70-80 ans préfèrent la poste.

7. **63 %** : c'est la part des grands-mères qui considèrent que l'arrivée d'un petit-enfant est le départ d'une nouvelle vie. Seul un quart y voit une "approche de la vieillesse".

8. **15%** : c'est le pourcentage des mamies qui jouent à des jeux vidéo avec leurs petits-enfants. Et aussi celui des grands-parents branchés communiquant par les réseaux sociaux et les applications de smartphones.

9. **732** : c'est le nombre de tentatives faites par ma belle-mère pour changer le prénom de son petit-fils.

10. **1,3 milliard d'euros** : c'est le montant des dépenses des grands-parents français dans le secteur du jouet en 2011. Record de générosité en Europe avec 31 % des achats de jouets à Noël, en augmentation malgré la crise.

11. **1,6** : c'est en moyenne le nombre de jours par mois passés par les petits-enfants avec leurs grands-parents. Record aussi, mais plutôt décevant celui-là, car la France est lanterne rouge. Les raisons invoquées : manque de temps (35 %) et déménagements, donc éloignement (28 %).

12. **275 312** : c'est le nombre de chaussettes orphelines réapparues miraculeusement dans la maison quand on est devenus grands-parents.

Sources : Insee, Senior Strategic, OpinionWay

15 BONNES EXCUSES
pour ne pas garder vos petits-enfants ce week-end

1. Je peux pas, j'ai gérontologue.
2. Je peux pas, j'ai aquagym.
3. Je crois que ton père n'est pas bien. Il a besoin de calme.
4. Je ne préfère pas, nous avons des mouches à la maison.
5. Jules a triché au Memory la semaine dernière.
6. J'ai déjà la fille de ta sœur. Comment ça tu n'as pas de sœur ?
7. Impossible, mon smartphone ne marche pas.
8. Ta grand-mère voudrait que je l'emmène à un concert de Charles Trenet.
9. Je dois rendre mon livre à la bibliothèque lundi et j'ai encore 20 pages.
10. Je peux pas, il va pas faire beau.
11. On rentre tout juste de vacances, et c'est bientôt Noël.
12. C'est un jour impair, ça porte malheur.
13. Je ne le sens pas.
14. Je dois épiler ta mère, son esthéticienne est en vacances.
15. Je peux pas, j'ai mal aux cuticules.

14 CHOSES à ne pas dire quand il vous offre un dessin

1. Tu me recommences ça sans déborder s'il te plaît.
2. À ton âge, ton père était beaucoup plus doué.
3. T'es sûre que c'est un cheval ? On dirait une autruche en train d'accoucher de la tour Eiffel.
4. Tu es gentil, mais y'a pas écrit "Archives nationales" sur ma casquette.
5. C'est quoi ça ? Une bite ?
6. Faudra que tu fasses de bonnes études.
7. Tiens, mets-le moi de côté, ça me servira pour la litière du hamster.
8. Heureusement que Christophe Colomb ne t'a pas attendu pour construire ses bateaux, parce qu'avec celui-là, il n'aurait pas traversé la baignoire !
9. Je sais bien que tu n'es pas ingénieur chez Dassault, mais tout de même, tu penses vraiment qu'il peut tenir dans l'air, ton avion ?
10. C'est très bien fait tous ces boyaux qui sortent du ventre de la mère de Bambi. N'hésite pas à mettre un peu plus de rouge pour le sang.
11. Tu as oublié de dessiner le gros bouton que ton grand-père a sur le nez. Vas-y, finis.

12. Remballe, y'a plus de place sur le frigo.

13. Je propose qu'on le déchire et personne n'en saura rien.

14. Qu'est-ce que tu veux que je fasse de ça, à part une dépression ?

La grand-mère prend la plume

"GESTION DES DESSINS"

Nous avons fait le compte : à chaque fois qu'ils viennent nous voir, Léa, Inès, Joséphine et Martin nous font cadeau d'un dessin, agité fièrement sur le pas de la porte ("Mamie, je t'ai fait un dessin !"). Soit 10 fois à peu près par an. × 4 = 40 dessins. Quand ils séjournent chez nous, leur production est soutenue, surtout en hiver, environ 2 dessins par jour sur 2 semaines en moyenne, soit plus de 100 œuvres dédicacées. Il faut y ajouter les envois par la poste, à l'occasion de nos anniversaires, ou comme ça, sans occasion particulière, simplement parce qu'ils ont pensé à nous (leurs parents ont enfin mis un timbre sur une enveloppe et glissé à l'intérieur une représentation forte en couleurs, pliée en douze, dont l'exécution a coûté la vie à une boîte de feutres). C'est un débit de plus de 150 dessins qu'il nous faut donc gérer chaque année, élaborés ou vite griffonnés, scènes de princesses, voitures pétaradantes, lions féroces sur fond de forêt profonde, maisons avec chemin sinueux et cheminée qui fume, cour d'école avec ses personnages, "ici c'est Clara, tu sais Clara, ma copine, et là Timothé, pas très sympa Timothé, il nous embête tout le temps, c'est pour ça que je l'ai attaché à l'arbre".

Pas question d'en jeter un seul, nous les annotons tous soigneusement avec prénom de l'auteur, date et légende explicative, avant de leur trouver difficilement une place sur le réfrigérateur, le congélateur, et les radiateurs. Tout ce qui présente dans la maison une surface plane et métallique est mobilisé. Les magnets épuisés sous la charge lâchent souvent prise, laissant s'envoler des liasses de feuilles superposées. Il existe sûrement des solutions branchées pour compresser la créativité de nos petits-enfants : nous décidons d'une gestion informatisée des flux, comme notre cave à vin, répertoriée sur un logiciel. Les dessins seront stockés sur un cadre photo numérique (grande taille déjà repérée, 38 cm de diagonale), écran magique sur lequel ils défileront inlassablement de jour comme de nuit. Clean, convivial, succès assuré auprès de nos invités. En se limitant à douze mois de production antérieure, nous entamons un travail de numérisation interminable et fastidieux. À la 25e manipulation, notre vieux scanner jette l'éponge en plantant l'ordinateur. Pas de regrets, nous ne serions pas allés au bout.

Les œuvres multicolores de nos petits-enfants ont repris leur place, serrés sur les façades des appareils électro-ménagers, comme dans toutes les cuisines de grands-parents. Quand nous les remplaçons par d'autres plus récents, ils vont dormir dans un dossier cartonné intitulé "Petits-Enfants". Cette fois-ci, l'informatique n'a rien pu faire pour nous. Et tant mieux, car il paraît que les dessins d'enfants ne peuvent vivre qu'à l'air libre.

14 PREUVES qu'on peut être grand-parent et (un peu) geek

1. Vous avez un compte Facebook, que vous n'appelez pas "mon Facebook".

2. Vous ne demandez plus à votre fils : "Donc, cette photo sur Facebook, tout le monde va la voir ou pas ?"

3. Voilà quelques mois que vous ne tapez plus votre mail dans la partie "statut".

4. Vous savez convertir un document Word en PDF.

5. Vous terminez vos textos par "Biz", et les ponctuez par MdR.

6. Ça fait bien longtemps que vous avez compris que ça ne servait à rien de préciser "minuscules" ou "majuscules" dans les adresses mail.

7. Vous ne tapez plus "Google" sur la fenêtre de recherche de Google.

8. Vous ne transmettez aucune chaîne pour la petite Noëlie qui attend une greffe du cœur depuis 1992.

9. Vous évitez autant que possible de dire "Je t'ai mis un message." Vous le "laissez", plutôt.

10. Vous ignorez les Powerpoint pourris sur musique de Richard Clayderman pour dire "je t'aime" à ceux qui vous entourent avant qu'il ne soit trop tard.

11. Vous n'imprimez plus vos mails pour les classer dans un dossier "mails reçus".

12. Vous ne répondez plus aux spams publicitaires pour leur signifier que vous les remerciez mais que vous êtes au regret de ne pas donner suite à leur proposition. (Et que votre pénis vous convient comme ça, merci.)

13. Vous n'envoyez jamais vos coordonnées bancaires à Mme Moubouta, veuve d'un banquier du Bénin, qui souhaite vous léguer sa fortune.

14. Vous ne transmettez plus votre numéro de carte bancaire au sairvisse client de la quesse d'alocation familial pour renboursemant d'un trop-perssu.

19 CHOSES que vous allez vite (ré)apprendre grâce à eux

1. Vous balancer tout seul sur la balançoire.
2. Vous émerveiller pour un rien.
3. Le goût de la grenadine.
4. Et celui des choses simples.
5. Colorier sans dépasser.
6. La magie de Noël.
7. Habiller des poupées et construire des vaisseaux.
8. Repérer tous les chiens et tous les oiseaux de la rue.
9. Manger trop vite.
10. Ou pas assez.
11. Jouer à la bataille.
12. Éloigner les sorcières.
13. Entendre des loups imaginaires dans le jardin.
14. Dessiner partout : sur les sets de table, dans le sable et dans la buée des vitres…
15. Combattre les monstres.
16. Voir des formes dans les nuages.
17. Embarquer dans une fusée interplanétaire.
18. Prendre les choses à la légère.
19. Désobéir.

Le grand-père prend la plume

"FILMS DE HÉROS"

Pas commode, la maîtresse de Martin, démarche raide, chignon à l'ancienne, kilt furieusement à la mode dans les années 70, des yeux de braise et une ombre duveteuse sous le nez, vraisemblablement une forme d'hommage à une dictature dont je la soupçonne de s'inspirer pour manier sa classe à la baguette. En l'occurrence, mon petit-fils l'adore. C'est l'essentiel, ce n'est pas ma maîtresse et les probabilités qu'elle le devienne sont nulles. Ce mercredi midi, je le récupère à l'école.

Martin se précipite vers moi et s'écrase dans mes bras, à quelques encablures de sa maîtresse qui observe la scène sans sourire. Elle me connaît, je la salue avec respect et, je l'avoue, un peu de crainte. Je ne me suis jamais guéri de l'effroi que m'inspiraient certains instits, et celle-là m'impressionne particulièrement. C'est alors que Martin se retourne vers elle et lui lance joyeusement : "Pappy et moi, cet après-midi, on va regarder des films hérotiques, hein Pappy ?" Elle se fige et se raidit encore, nous nous faisons face, elle, les bras ballants, la bouche entrouverte, moi, ridicule et pataud, une main tenant Martin, l'autre prenant son envol avec l'index levé pour accompagner une explication qu'il me faut lui fournir dans l'instant. Je crains qu'elle ne me plante là, qu'elle parte en courant pour ameuter ses collègues, le policier municipal en faction devant la grille, l'aide sociale à l'enfance, l'UNICEF, le juge, un peloton d'exécution. "Alors, je vous explique, Martin dit "érotiques" mais, en fait, ce sont des films "hérotiques", Mademoiselle, nous regardons ensemble des DVD hérotiques." Je bredouille et m'enferre, saleté de "h" qu'elle ne peut ni entendre ni voir, je reprends hors d'haleine : "En fait, si vous voulez, des DVD avec des héros, c'est comme ça que Martin les appelle, hérotiques, donc." Et j'ai la niaiserie d'ajouter : "Pas érotiques, non, vous vous doutez bien." J'ai l'immense soulagement de voir la maîtresse se détendre soudain, et même, stupeur, d'éclater de rire. Elle s'approche de moi à grand renfort de ça-alors-celle-là, et je suis médusé de l'entendre me chuchoter à l'oreille en pouffant : "Cela étant, si vous avez une version inédite de Superman, je suis preneuse !"

VOTRE PETIT-ENFANT QUI GRANDIT (1 À 5 ANS)

C'est pas moi, c'est Alzheimer : 9 OUBLIS que vous pourrez mettre sur le dos de la maladie

1. **L'heure à laquelle il s'est couché hier.**
   "En tout cas ce matin il a bien dormi."

2. **Sa classe.**
   "Ah, il n'est pas encore à l'école ? Tu es sûr ?"

3. **Le nombre de bonbons qu'il a ingurgité dans le week-end.**
   "En kilos, c'est minime."

4. **Le menu d'hier soir.**
   "Tu verras ça avec ses selles."

5. **Les consignes de ses parents.**
   "Si vous n'êtes pas contents, la prochaine fois vous noterez."

6. **Son âge.**
   "Entre 2 et 10, à vue de nez."

7. **Sa date de naissance.**
   "Entre le 1er janvier et le 31 décembre, si je ne m'abuse."

8. **Son prénom.**
   "Je me souviens juste que c'était adorable."

9. **Ses crises de nerf chaque soir pour aller au lit.**
   "Il a été délicieux, toujours souriant et obéissant, un régal."

21 EXPRESSIONS
connotées "grands-parents"

1. Il n'y a plus de saison, ma pauvre dame.
2. Il yoyotte de la touffe.
3. Ne bois pas de l'eau froide en mangeant ta soupe, tu vas casser l'émail de tes dents.
4. Les jeunes, ce n'est plus ce que c'était.
5. Alors ça, je vous le fais pas dire.
6. Ce que j'en dis, moi…
7. Y'a pas de petites économies.
8. C'est une réponse frappée au coin du bon sens.
9. Il n'est de bons amis qui ne se quittent.
10. Elle habite à Perpète-les-Oies.
11. Il était rond comme une queue de pelle.
12. Mets-toi autrement, tu n'es pas à ta main.
13. Garçon, un Fernet-Branca, je vous prie.
14. À la bonne heure !
15. Il est complètement zinzin.
16. Tu es fagoté comme l'as de pique.
17. Tu as pris tes précautions ?
18. Une chatte n'y retrouverait pas ses petits.
19. Ils font un tohu-bohu épouvantable.
20. C'est pour la grosse ou la petite commission ?
21. Ça ne tombera pas plus bas.

11 MOTS connotés "grands-parents"

1. Un pardessus.
2. Une réclame.
3. Une orangeade.
4. Une auto.
5. Une surprise-party.
6. Des clous (pour les passages piétons).
7. Le journal télévisé.
8. La première chaîne.
9. "En" télé, "en" radio.
10. Aux PTT.
11. Une mobylette.

13 EXPRESSIONS que vous trouverez peut-être "djeun's", mais qui sont passibles de peine de mort depuis février 1992

1. Face de bouc, pour "Facebook".
2. Daccodac.
3. Un peu mon n'veu.
4. Tranquilou bilou.
5. Kif kif bourricot.
6. Oki doki.
7. Voili voulou.
8. Cimer Elmer.
9. Merki.
10. Comme un lundi.
11. Mardaï, mercredaï, jeudï, etc…
12. À l'aise, Blaise.
13. Tu l'as dit bouffi.

26 JEUX CULTES à relier à leur bonne année de naissance

1. Le 1000 bornes
   a) 1954   b) 1963   c) 1990
2. Le Rummikub
   a) 1968   b) 1973   c) 1980
3. Le Docteur Maboul
   a) 1965   b) 1977   c) 1986
4. Les Crados
   a) 1970   b) 1989   c) 1998
5. Les Tamagotchi
   a) 1975   b) 1984   c) 1996
6. Le Dix de chute
   a) 1940   b) 1970   c) 1985
7. L'Écran magique
   a) 1965   b) 1978   c) 1992
8. Le Spirograph
   a) 1947   b) 1955   c) 1966
9. Les Playmobil
   a) 1968   b) 1974   c) 1981
10. Les Hippos Gloutons
    a) 1969   b) 1979   c) 1989
11. La Dictée magique
    a) 1979   b) 1985   c) 1993
12. Les Pokémon
    a) 1935   b) 1979   c) 1996
13. Les Lego
    a) 1949   b) 1958   c) 1967

14. Les figurines Maîtres de l'Univers
   a) 1970   b) 1982   c) 1992
15. Le Puissance 4
   a) 1937   b) 1951   c) 1974
16. La Nintendo NES
   a) 1983   b) 1987   c) 1993
17. Le Cochon qui rit
   a) 1932   b) 1945   c) 1968
18. Le tourne-disques Fisherprice
   a) 1950   b) 1962   c) 1971
19. Le Mastermind
   a) 1957   b) 1964   c) 1976
20. Les tortues Ninja
   a) 1972   b) 1983   c) 1990
21. Le Labyrinthe
   a) 1968   b)1985   c) 1994
22. Le Qui est-ce
   a) 1977   b) 1987   c) 1997
23. La Game-Boy
   a) 1985   b) 1990   c) 1995
24. Les Polly Pocket
   a) 1971   b) 1980   c) 1989
25. La Playstation
   a) 1989   b) 1994   c) 1998
26. La Bonne Paye
   a) 1975   b) 1983   c) 1990

Réponses : 1-a / 2-c / 3-a / 4-b / 5-c / 6-b / 7-a / 8-c / 9-b / 10-b / 11-a / 12-c / 13-a / 14-b / 15-c / 16-b / 17-a / 18-c / 19-c / 20-c / 21-b / 22-b / 23-b / 24-c / 25-b / 26-a

Votre petit-enfant qui grandit (1 à 5 ans)

17 RITUELS tout doux

1. Aller les chercher à l'école le mercredi midi.
2. Mettre des bonbons dans une boîte ronde, et les voir s'y diriger en arrivant.
3. Relire pour la 15e fois *Le Chat botté* avant qu'il ne s'endorme.
4. Se mettre accroupi et ouvrir ses bras pour qu'elle s'y écrase à pleine vitesse quand elle vous revoit.
5. Trinquer pour l'apéro-grenadine dans son grand verre en plastique Roi Lion.
6. Préparer le creux de son cou pour recevoir sa tête bouclée, lui tendre son doudou et ne plus bouger.
7. Le sentir se glisser dans le lit au petit matin, chargé d'une cargaison de livres.
8. Voir ses yeux s'écarquiller à l'annonce d'une séance de cirque.
9. L'entendre au téléphone demander : "C'est quand que je viens chez toi, Mamie ?"
10. Se cacher toujours au même endroit dans le hall de la gare pour le voir nous chercher et… nous sauter dans les bras.
11. Sonner chez eux et recevoir tout de suite 1, 2, 3… dessins bourrés de couleurs et de mots tout doux.
12. Lui faire coucou dans le manège à chaque fois qu'il passe à votre hauteur.
13. Laisser toujours sous l'oreiller un petit cadeau pour le jour où ils arrivent.

14. Jouer et perdre 10 fois par jour au premier-qui-rira.
15. En avoir marre de prendre des claques et tricher en le chatouillant.
16. Prendre la main qu'il nous tend pour aller où il veut.
17. Le chercher pendant des heures quand il se cache en prenant bien soin de ne pas marcher sur son pied qui dépasse du rideau.

La grand-mère prend la plume

"PAS ASSEZ D'UNE VIE"

J'ai découvert un concept de salon de thé sous un lit superposé avec option bien-être intégrée. J'y ai bu un café dans un pot de chambre de poupée (il n'y avait plus de tasse), pendant qu'on s'asseyait sur mon dos pour me masser. J'ai bu du champagne à 10 heures, j'ai fait la sieste par terre dans une cabane trop petite, j'ai dansé comme une princesse et joué à un jeu auquel je n'ai rien compris. J'ai connu la guerre et je suis morte trois fois, mais je me suis fait réveiller par un prince charmant qui zozotait. Pour me remettre de tout ça je me suis offert une séance maquillage, avec blush vert, smoky eye sur les lèvres et correcteur fuchsia pour cacher un peu mes plis sous les yeux et je me suis fait engueuler par la maquilleuse parce que soi-disant j'avais pas le droit de l'embrasser sur le ventre.

J'ai mangé une pâtisserie avec un petit koala mignon qui faisait des bruits d'oiseau et je me suis retrouvée au coin parce que j'avais marché par mégarde sur un bébé. Je suis retournée à l'école où j'ai dû recopier des lettres à l'envers, admettre sous la menace que "P" et "O" ça faisait "RA" et écouter une histoire sans fin. J'ai consolé un escargot mort depuis au moins deux ans, et abordé des questions existentielles. J'ai rencontré une vendeuse de bouts de papier, on a parlé de la pluie et du beau temps, elle m'a confié que ses parents étaient morts et quand je lui ai dit "Oh, je suis désolée" elle m'a dit que non finalement, ils étaient en Bretagne. J'ai acheté cinq bouts de papiers pour 142 euros, j'ai dit que c'était un peu cher, on m'a répondu d'accord, 2 euros alors, la prochaine fois j'essaie de faire pareil au restau. Je suis allée chez le médecin pour une urgence, mais avant de me prendre il devait d'abord finir d'installer son "resteurant". J'ai donc testé la thérapie par le poulet au chocolat, et en dessert j'ai pris une fartiflette maison. J'ai dit que c'était très bon et qu'il y avait un petit goût, là, que je ne reconnaissais pas. À force d'insistance, il m'a confié son secret ("des bouts de feutre") et a quand même fini par s'occuper de ma main. Il m'a appris qu'on allait devoir la couper. Comme je lui ai demandé s'il pouvait m'endormir avant, il m'a chanté une berceuse. Je me suis réveillée en sursaut parce qu'il procédait avec un couteau en plastique, et je me suis fait engueuler parce qu'on a pas le droit de dire à un médecin "ça fait un peu mal mon amour".

Bref, ce week-end j'ai joué avec ma petite-fille pendant trois heures et j'ai vécu 1000 vies.

16 PHRASES que vous direz à vos petits-enfants (mais que vous n'avez jamais dites à vos enfants)

1. "Ne t'inquiète pas chaton, à quoi ça sert de faire des fauteuils si on ne peut pas écraser du chocolat dessus."
2. "Un pyjama Winnie ? Pas de problème mon chou."
3. "Tu n'as pas faim ? Laisse, c'est pas grave, tu mangeras mieux ce soir."
4. "Bon, lecture, écriture, calcul, c'est moyen, mais tu as vu ta note en gym !"
5. "Oh, la jolie fresque que tu as dessinée sur le papier peint !"
6. "Non, ce soir on se couche tôt, tu as regardé Winnie l'Ourson toute la nuit dernière."
7. "Comme elle est mignonne ta Barbie-Prostitution !"
8. "Oui, chanteuse c'est une très bonne idée de métier, et il y a beaucoup de débouchés."
9. "Mais non, le bac ça ne sert à rien."
10. "Bon, tu finis juste tes frites et tu laisses tes haricots, alors."
11. "Il paraît que ce shampoing princesse fait des cheveux jusqu'aux pieds."
12. "Tu ne veux pas emmener tous tes doudous chez Carrefour ? Ils vont s'ennuyer ici, tous les 15."

13. "Bonne nuit mon chéri, tu fais dodo vite sinon j'éteins la télé."

14. "À table ! J'ai mis les assiettes pour tes 8 amis imaginaires."

15. "S'il recommence à t'embêter, tu lèves ton majeur et si ça ne suffit pas, tu lui pètes les genoux."

16. "Quelle belle idée, ces paquets de pain de mie sans croûte."

10 PREUVES que la vérité ne sort pas toujours de la bouche des enfants

1. À l'école, j'ai appris qu'il y a très longtemps t'étais un singe.
2. Et quand t'étais petit, t'avais pas de cheveux non plus ?
3. Papa m'a dit qu'il était très sage quand il était petit.
4. Elle est trop belle, Barbie.
5. Mozart, c'est du caca.
6. Le président de la République, c'est celui qui est le plus intelligent de la France.
7. La dame pipi, elle a trop de chance d'avoir des clients toute la journée.
8. Nabila, elle devrait être ministre de la Culture.
9. Il était drôlement gentil le policier qui t'a donné une carte postale.
10. Mon autre mamie, elle fait beaucoup plus jeune que toi.

1 PREUVE que parfois, si

"Mais t'es quand même beaucoup plus belle qu'elle."

Votre petit-enfant qui grandit (1 à 5 ans)

14 PRIVILÈGES de grands-parents

1. Pouvoir leur passer tous leurs caprices.
2. Les avoir dans le cœur, sans avoir besoin de se lever la nuit.
3. Dire que 12 secondes pour le brossage des dents, ça suffit amplement.
4. Et le croire, en plus.
5. Recevoir dans l'oreille leurs secrets (que leurs parents ne connaîtront jamais).
6. Ne pas être responsable de leur éducation ou "faire plaisir sans corriger", selon l'expression de Louis Roussel.
7. Organiser des grands concours de rots.
8. Dire "oui" pour un 52e verre d'eau avant de dormir.
9. Retarder leur coucher pour qu'ils se lèvent très tard.
10. Zapper la sieste pour profiter d'eux, et les ramener épuisés aux parents.
11. Les avoir pour les bons moments, et pas pour les mauvais.
12. Être dispo à 100 % quand ils sont là pour profiter d'eux.
13. Ne pas avoir à s'inquiéter pour sa scolarité, encourager ses progrès en EPS.
14. Pouvoir l'autoriser à garder sa tétine, son pouce, son doudou ou les trois jusqu'à sa majorité s'il le souhaite.

On ne s'emballe pas : 10 TÂCHES INGRATES que vous vous taperez quand même sans doute

1. L'accompagner à la kermesse.
2. Assister aux réunions parents (sic)-prof.
3. Le voir se faire vacciner.
4. Faire les courses de fournitures.
5. L'emmener une journée à Disneyland.
6. Vous coltiner les sorties de classe.
7. Le conduire aux activités.
8. Étiqueter tous les vêtements pour la rentrée.
9. Couvrir les livres.
10. Vous inquiéter pour eux, tout le temps.

Le grand-père prend la plume

"LA PÊCHE AUX CANARDS"

Il y a le hurlement des manèges, l'odeur des barbes-à-papa et des étoiles dans ses yeux. Nous voilà partis pêcher au bord de la petite rivière en plastique qui glougloute, toujours la même depuis mon enfance, avec ses canards jaunes, rouges et verts qui dodelinent du bec dans le courant, et cet anneau sur le dos vraiment pas facile à choper avec l'hameçon, tiens je vais t'aider, non celui-là laisse tomber il est parti trop loin, regarde celui qui arrive, ouiiiiii, super, ça t'en fait déjà 12, et maintenant, tu vas choisir ton cadeau avec la dame.

Elle choisit, tourne vers moi des yeux suppliants et me dit : "Dis Pappy, on peut refaire une pêche aux conards ?"

J'ai étouffé un rire et failli lui dire que ce n'était pas le gibier qui manquait, et qu'elle pouvait s'adonner toute l'année et en tout lieu à cette activité en étant assurée de ne jamais rentrer bredouille. Je me suis contenté de la reprendre, gentiment mais fermement.

À la pêche aux conards elle ferait peut-être fortune, à celle aux canards elle n'a gagné qu'une princesse au diadème étincelant à la durée de vie de vingt-quatre heures, mais au moins, ma petite-fille aura compris aujourd'hui l'importance d'une minuscule voyelle dans la différenciation des espèces.

GRANDS-PARENTS CONFIRMÉS (6 ANS ET PLUS)

Grand-père vs grand-mère : 1 TRUC que ça serait bien de pouvoir échanger, pour rigoler

La ménopause

TOP 23 des objets familiers que vos petits-enfants ne sauront même pas que ça existait

1. Le Minitel
2. La cassette VHS
3. Les 45 tours
4. Le tourne-disque
5. Le téléphone à cadran
6. Les Mistrals Gagnants
7. Le magazine *Tout l'Univers*
8. Les bouteilles à consigne
9. La plume Sergent Major et le porte-plume
10. L'encrier
11. Les tricotins
12. Le moulin à café manuel
13. Le pupitre d'écolier
14. La règle à calcul
15. Les bretelles
16. La pipe
17. Les cabines téléphoniques
18. Le papier carbone

19. La machine à écrire
20. La bouillotte dans le lit
21. Le juke-box
22. Le Quid
23. La 2 CV

12 ÉVÈNEMENTS HISTORIQUES de son manuel scolaire, où vous pourrez dire : j'y étais !

1. Mai 68, et l'abolition des archaïsmes paternels. C'est vrai que par rapport aux papis de 67, on a pris un gros coup de jeune.
2. La légalisation de l'avortement, merci Simone !
3. L'abolition de la peine de mort, il était temps.
4. L'éclipse solaire totale du 11 août 1999 en Europe de l'Ouest.
5. La victoire de la France à la Coupe du monde : aussi fréquente que le point ci-dessus.
6. Le passage à l'euro, et cette sensation d'avoir eu un peu plus de mal qu'en passant des anciens francs au nouveau franc.
7. Le passage à l'an 2000 et sa série d'angoisses (Qu'est-ce que va devenir l'informatique ? Et le monde ? Et moi ? Et mon réveil ?).
8. L'émergence des Beatles (bah oui quoi, à qui ça parlera "Stromae" dans 50 ans ?).
9. Les attentats du 11 Septembre, et cette trouille qu'on vienne toucher un seul de tes cheveux où que tu sois, petit homme.
10. La chute du mur de Berlin et des derniers vestiges visibles de cette guerre mondiale qui finalement n'était pas très loin de nous.
11. La fin de l'apartheid en Afrique du Sud, enfin !
12. Les premiers pas de l'homme sur la Lune en juillet 1969, retransmis dans le monde entier sous l'œil ahuri de près de six cents millions de spectateurs, en nous comptant.

Grands-parents confirmés (6 ans et plus)

Le grand-père prend la plume

"C'EST LONG L'ÉCOLE"

Le temps m'a toujours intrigué, celui qui ne passait pas quand j'étais petit, celui qui passe trop vite à l'âge adulte, celui qui s'accélère quand on aborde la soixantaine. L'autre jour, nous parlions de l'école avec Martin, qui m'a confié : "Tu vois, Daddy, j'aime bien l'école, mes copains, ma maîtresse, tout ça, mais quand même, c'est long l'école, c'est long…"

Cette réflexion a réveillé en moi une sensation troublante, le souvenir enfoui d'interminables journées dans cette petite école de quartier, démolie il y a trente ans pour laisser place à un immeuble. Elle était semblable à tous les établissements scolaires des années 50, il en subsiste aujourd'hui quelques exemplaires, préau, murs en briques et marronniers-sentinelles dans la cour. En chaussures montantes à lacets et blouses grises chargées de billes, nous buvions en milieu de matinée des bols de lait tiédasse, prescrit par Pierre Mendès-France.

De ces journées pluvieuses où l'on avait calcul, je retenais surtout qu'une minute vaut parfois une heure et que huit heures peuvent être égales à l'éternité. Même s'ils n'ont aucune prise sur le temps, les adultes en ont au moins acquis la sensation :

ils l'ont tellement vu passer qu'ils le reconnaissent sans peine et savent le mesurer. Martin, derrière une table aux couleurs vives, dans sa classe toute pimpante aux larges baies vitrées, c'est, 65 ans plus tard, le petit gars du photographe Doisneau qui scrute l'horloge, le même écolier les bras croisés sur son pupitre en chêne.

Et oui, l'école apprend aussi à découvrir l'ennui, et je plains silencieusement mon petit-fils de ressentir l'étirement de certaines journées, à la mesure de sa minuscule pendule intérieure. Si la mienne est plus sophistiquée, je crains qu'elle ne soit jamais parfaitement au point. Lors du dernier séminaire d'entreprise, en communion profonde avec Martin, je me suis surpris à marmonner entre mes dents : "Mais c'est pas possible, c'est long le travail, c'est long..."

12 CADEAUX D'ANNIVERSAIRE

à faire à votre "chicouf" pour ne plus jamais être invités par ses parents

1. Une batterie.
2. Un lapin nain (surtout s'il est allergique aux poils d'animaux).
3. Un poney (surtout s'ils n'ont pas de jardin).
4. Des chaussures à talons taille 22.
5. Un relooking.
6. Un carnet secret dont vous avez fait le double des clés.
7. Une tablette tactile.
8. Un téléphone portable.
9. Une télévision "pour mettre dans ta chambre mon chéri".
10. Un gramme de cocaïne.
11. Son premier string.
12. Un jeu pour Wii mais pas la Wii.

10 CADEAUX D'ANNIVERSAIRE

à faire à votre "chicouf" pour lui apprendre que ce qui compte, ce sont les cadeaux du cœur

1. Un pull tricoté main empaqueté dans une boîte "Bateau de pirates Playmobil".
2. Une laisse pour les enfants.
3. Une photo encadrée de vous quand vous étiez petit.
4. Un "bon pour un gros bisou".
5. Un poster table de multiplication (ou conjugaison, ça marche aussi).
6. Une bible ayant appartenu à votre grand-père.
7. Un porte-clefs jeton-de-caddie.
8. Votre carnet de notes, année scolaire 1961-1962.
9. Une mèche de vos cheveux quand vous étiez bébé.
10. Un bulletin de participation au grand jeu du camembert Président.

15 CHOSES à faire (ou pas... à vous de juger) en cachette des parents

1. Le laisser systématiquement gagner.
2. Et même un peu tricher.
3. L'emmener chez le coiffeur.
4. Leur donner des bonbons à toute heure.
5. Lui faire percer les oreilles.
6. L'emmener chez le psy.
7. Leur raconter les bêtises de leurs parents.
8. L'emmener chez le médecin pour mettre à jour ses vaccins.
9. Lui présenter une assistante sociale super sympa.
10. Préparer 15 DVD pour le week-end.
11. Leur dire que parfois les parents, ils ne sont pas justes, mais seulement parce qu'ils sont fatigués.
12. Les aider à sonner à une porte dans la rue et s'enfuir avec eux en courant.
13. Zapper le bain.
14. Et l'heure qu'il est.
15. Lui faire passer la frontière.

La grand-mère prend la plume

"SECONDES RÔLES"

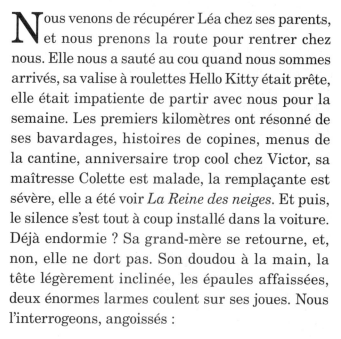

Nous venons de récupérer Léa chez ses parents, et nous prenons la route pour rentrer chez nous. Elle nous a sauté au cou quand nous sommes arrivés, sa valise à roulettes Hello Kitty était prête, elle était impatiente de partir avec nous pour la semaine. Les premiers kilomètres ont résonné de ses bavardages, histoires de copines, menus de la cantine, anniversaire trop cool chez Victor, sa maîtresse Colette est malade, la remplaçante est sévère, elle a été voir *La Reine des neiges*. Et puis, le silence s'est tout à coup installé dans la voiture. Déjà endormie ? Sa grand-mère se retourne, et, non, elle ne dort pas. Son doudou à la main, la tête légèrement inclinée, les épaules affaissées, deux énormes larmes coulent sur ses joues. Nous l'interrogeons, angoissés :

– Qu'est-ce-qui se passe, ma chérie ?

– Rien, souffle-t-elle.

Le contraste brutal avec sa gaieté débordante est saisissant. Léa a un soudain coup de blues, irrépressible, quelque chose venu des profondeurs de son cœur, un torrent de peine qu'elle n'a pas vu jaillir.

Elle a laissé derrière elle son univers de petite fille, un univers peuplé des jouets de son frère, des babillements de sa toute petite sœur, du sourire de sa mère, des coups de langue du chien Basket, du bruit de la porte d'entrée quand son père rentre le soir, de ses bras qui l'empoignent pour l'emmener très haut vers le plafond.

Autrefois, on aurait dit : "Elle s'ennuie de ses parents", mais c'est bien plus que ça. C'est de toute sa vie qu'elle est privée pour un temps qu'elle ne sait pas évaluer, et qui prend dans sa détresse des allures de toujours.

La douleur est aussi cuisante que momentanée, elle retrouve vite le sourire quand nous évoquons les réjouissances de la semaine, listing un peu fébrile agrémenté d'une plongée de main généreuse dans les bonbons du vide-poche.

L'alerte est passée, elle ne se reproduira pas, mais cet épisode nous rappelle que chez nous ses grands-parents, ce n'est pas chez elle, et que son existence est ailleurs.

Nous l'aiderons à se construire mais ne sommes pas ses parents. Avec ses deux larmes, Léa vient de nous parler en silence : "Mes grands-parents chéris, quand je regarderai le film de ma vie, vous serez, je vous le promets, mes inoubliables seconds rôles."

13 CHOSES à faire avec lui si vous ne voulez plus jamais l'avoir pour le week-end

1. Lui servir des épinards matin, midi et soir.
2. L'emmener au cimetière entretenir la tombe de votre grand-père.
3. Embaucher un précepteur pour le faire travailler.
4. Lui demander de l'aide pour vous relever et/ou vous donner à manger.
5. Faire un grand ménage.
6. Lui faire faire un grand ménage.
7. Regarder avec lui *Jonathan Livingston le goéland*.
8. Le faire poser pendant 3 heures sur un édredon blanc avec des ailes scotchées sur le dos pour votre cours d'art plastique.
9. Lui mettre une pomme sur la tête et vous entraîner au tir à l'arc.
10. Ne lui servir ses tomates que s'il sait les appeler *Solanum lycopersicum* (et ses haricots : *Phaseolus vulgaris L.*).
11. Procéder à la dissection du petit chaton abandonné qu'il a trouvé dans le jardin pour l'initier à l'anatomie.
12. Lui lire le reportage de *Paris Match* sur le dernier crash aérien avant de s'endormir.
13. Regarder avec lui un film d'Haneke.

Grands-parents confirmés (6 ans et plus)

9 PHRASES des jeunes parents traduites

En VO (version originale)	En VH (version honnête)
"Vous avez un truc de prévu ce week-end ?"	"Vous êtes dispos pour garder les enfants ce week-end ?"
"Émilie et moi, on adorerait faire une rando cet été."	"Vous êtes dispos pour garder les enfants quinze jours en juillet ?"
"Les pauvres, ils vont se taper le centre aéré jusqu'en août…"	"Vous êtes dispos pour garder les enfants tout le mois de juillet ?"
"Lucas rêve de faire un stage de tennis, mais c'est vraiment trop cher."	"Si vous ne pouvez pas lui payer la semaine, ce n'est pas grave, il restera devant la télé."
"Les parents de notre copain Thibaud emmènent tous leurs enfants et petits-enfants en croisière sur le Nil pour leurs 30 ans de mariage."	"On peut se rendre dispos quand vous voulez."
"On voulait repeindre la chambre du petit, mais ce n'est vraiment pas le moment…"	"Carnet de chèque ou pinceau, tu choisis ton mode opératoire."
"Quelle connerie, ces rythmes scolaires…"	"Vous êtes vraiment SÛRS que ce n'est pas jouable que vous gériez le mercredi ?"
"C'est fou, elle a grandi d'un seul coup."	"Maintenant elle met du 6 ans, pointure 27, la collection Bout'Chou de Monoprix est craquante."
"Quand je pense qu'elle n'est jamais allée au cirque, la pauvre."	"Elle est dispo mercredi, en plus vous aurez le temps de passer chez Monop avant."

13 BLAGUES à faire (ou pas) à votre petit-enfant

1. Lui dire "oh regarde la petite bête là", et gober son Flamby.
2. Envelopper un œuf de poule dans du papier Kinder.
3. Éternuer derrière son dos et l'asperger en même temps avec vos mains mouillées.
4. Lui déclarer que son doudou puant est mort et célébrer solennellement ses funérailles (vous aurez confectionné un petit cercueil rigolo que vous enterrerez dans le jardin).
5. Mettre la chatte Tigrette dans le micro-ondes.
6. Lui assurer que "dame du GPS", c'est un vrai métier d'avenir, même si ce n'est pas toujours facile de vivre dans une si petite boîte.
7. Vous faire passer pour le Père Noël au téléphone. (Le saviez-vous ? dans 99,9 % des cas, le grand-père se fait griller.)
8. Pour son anniversaire, lui offrir une grande boîte contenant une moins grande boîte contenant une moins grande boîte contenant une moins grande boîte, etc. contenant un pauvre papier avec marqué "Je t'aime GRAND comme ça".
9. Vider un œuf, le retourner, lui demander d'ouvrir son œuf à la coque. (Lui donner autre chose à manger, quand même, avant de le coucher.)
10. Leur offrir une orange à Noël, et filmer leurs réactions.

Grands-parents confirmés (6 ans et plus)

11. Faire comme si vous preniez son nez en coinçant votre pouce entre votre index et votre majeur, le manger, lui remettre avant qu'il ne tombe en dépression.

12. Lui raconter l'histoire du Petit Poucet, l'emmener en forêt et démarrer en trombe après l'avoir fait descendre de voiture.

13. Faire semblant que vous êtes mort, avec de l'écume au bord des lèvres, et vous relever en criant "BOUH" quand il se met à pleurer.

TOP 6 des bonbons les plus déprimants pour des enfants

1. Les pastilles Vichy.
2. Les Mentos à la menthe (marche aussi avec les Tic-Tac).
3. Les Werther's Original.
4. Les Mon Chéri.
5. Les Kréma caramel.
6. Les rouleaux de réglisse.

TOP 7 des goûters les plus déprimants pour les enfants

1. Une pomme.
2. Des spéculos.
3. Du pain et du beurre.
4. Des biscuits de régime.
5. Du pain d'épice.
6. Des Figolus.
7. De la ratatouille.

17 CHOSES que vous aviez pourtant prévu de faire quand vous seriez grands-parents

1. Leur apprendre le ski.
2. Les emmener au cirque et à la foire au moins une fois par an.
3. Organiser des Noëls dignes de Casse-Noisette.
4. Ne jamais leur demander de ranger.
5. Leur apprendre à lire avant la maîtresse.
6. Être toujours disponible.
7. Savoir répondre à tous leurs "Pourquoi ?".
8. Ne pas vous immiscer dans les méthodes d'éducation de vos enfants.
9. Supporter les décibels les doigts dans le nez (c'est une image).
10. Les initier aux arts premiers.
11. Ne jamais dire de gros mots en leur présence.
12. Élever des poules pour qu'ils aillent chercher leurs œufs.
13. Et installer un jardin potager.
14. Prendre place avec eux dans Space Mountain.
15. Les emmener tous les ans découvrir un pays différent.
16. Cueillir avec eux des framboises et en faire des confitures.
17. Ne pas mettre de photos d'eux sur Facebook.

Grands-parents confirmés (6 ans et plus)

30 "QUAND J'ÉTAIS PETIT"
qui vous feront passer pour un dinosaure

1. La télé n'avait que 2 chaînes.
2. Les garçons étaient dans une école, les filles dans une autre.
3. Les ordis n'existaient pas.
4. On ne prenait jamais l'avion pour aller en vacances.
5. Les filles n'avaient pas le droit de se mettre en pantalon à l'école.
6. Les garçons avaient un service militaire obligatoire.
7. On ne jetait pas les chaussettes trouées, on les RÉPARAIT.
8. On ne savait pas que la cigarette était dangereuse : les maîtres fumaient dans la classe et les papas dans les voitures.
9. Les maîtresses tapaient sur les doigts des enfants avec une règle.
10. Les maîtres mettaient parfois des gifles.
11. On mettait le lait dans des bouteilles en verre.
12. Boire un bol de lait tiède à l'école, c'était obligatoire. (Et écœurant).
13. Dans certaines familles, on n'avait pas le droit de parler à table.
14. On faisait sécher les vêtements dehors, à l'air frais.
15. La carte de crédit n'existait pas.

16. Les couches de bébé étaient en tissu.
17. Ton mercredi, c'était mon jeudi.
18. Le supermarché et les caisses enregistreuses n'existaient pas.
19. Le départ en vacances, c'était à 5 à l'arrière et le petit dernier sur les genoux de Mamie à l'avant.
20. On recevait des bons points à l'école, à 10 bons points on gagnait une image.
21. À la fin de l'année, le meilleur de la classe recevait le prix d'excellence.
22. On accrochait une croix sur sa blouse.
23. Et le prix de camaraderie, souvent pour les cancres sympas.
24. On faisait la vaisselle à la main, un qui lave, un autre qui essuie.
25. Chez les plus aisés, c'était "la bonne" qui faisait ça.
26. Les parents n'étaient presque jamais divorcés…
27. Il n'y avait pas encore de McDo en France (oui c'est incroyable mais pourtant vrai).
28. Le congélateur n'existait pas, on allait chez le glacier.
29. S'il y avait un carré blanc en bas à droite de l'écran de télé, on allait se coucher.
30. Souvent, on avait un petit frère ou une petite sœur par an.

BONUS : 4 "QUAND J'ÉTAIS PETIT"
qu'il ne croira même pas

1. Quand j'étais petit, tu n'étais pas né.
2. Ta maman non plus.
3. Quand j'étais petit, je ne connaissais pas Mamie.
4. J'ai été petit.

12 CHOSES qui sont encore mieux que ce que vous pensiez

1. Quand ils vous courent dans les bras, vous manquez de tomber à chaque fois.
2. Vous trouvez que votre fils fait un super papa.
3. Quand ils ne sont pas là, ils vous manquent comme vous manquaient vos propres enfants.
4. La première lettre bourrée d'amour et de fotes dortografe.
5. Le premier appel pour entendre la raison d'un gros chagrin que même Maman ne comprend pas.
6. Ils sont encore plus beaux que ce que vous aviez pu imaginer.
7. Leurs larmes cachées quand sonne la fin des vacances en famille.
8. Vous passez avec eux le temps qui vous a parfois manqué avec vos enfants.
9. Les voir jouer avec les Lego de vos enfants.
10. Les fois où c'est dans votre cou qu'il se cache quand il est intimidé. Ces fois où vous comprenez qu'en plus d'être son grand-père ou sa grand-mère, vous êtes aussi son repère.
11. La complicité que vous avez avec eux.
12. La douce conviction qu'ils ne vous oublieront jamais.

TOP 1 des choses auxquelles on ne s'attendait pas

Écrire un livre sur les grands-parents.

6 TRUCS pour vivre heureux, que vous voudriez leur laisser en héritage

On ne va pas larmoyer pour cette liste finale. Le mot "héritage" n'est pas là pour parler du livret d'épargne que vous avez ouvert au nom de chacun de vos petits-enfants, ni pour évoquer le jour le plus lointain possible où vous tirerez votre révérence en prenant place dans un joli cadre Ikea entre le Routard du Périgord et l'intégrale de XIII. Non, l'héritage, ce sont les valeurs que les grands-parents aimeraient transmettre à leurs petits-enfants, leur message pour une belle existence.

Le grand-père prend la plume

(À DÉCOUPER ET À ENVOYER ÉVENTUELLEMENT À VOS "CHICOUFS")

Nos chers petits-enfants,

Nous terminons à l'instant la lecture d'une œuvre littéraire magistrale intitulée le *Guide de survie des jeunes grands-parents*. Ah ça pour survivre, on a survécu. Avec un tiret, plus précisément. Vous nous faites sur-vivre. Vivre en mieux, vivre en plus beau, vivre en plus doux.

Vous nous entraînez dans un incroyable tourbillon de sentiments, de situations, de rires, de chagrins, de confidences. À vos parents, merci de nous avoir fait un cadeau que nous ne pouvions imaginer si précieux, à vous merci de nous inonder de votre affection et de votre joie de vivre, un élixir de jeunesse terriblement efficace que vous nous administrez sans compter. À nous maintenant de vous remettre une petite dose d'élixir de sagesse, si vous le permettez.

Soyez tolérants

La tolérance est une denrée de plus en plus rare actuellement, semble-t-il. Prévoyez toujours une bonne dose de bienveillance sur vous pour accepter l'autre dans ses différences. Elle préserve des aigreurs d'estomac, permet de voyager partout, de serrer des mains, de communiquer joyeusement, d'apprécier son collègue même si vous n'aimez pas sa cravate, et de faire l'économie d'un lance-roquettes pour faire taire les voisins.

Apprenez à vous connaître

Comprendre sa personnalité, ses réactions, ses ressentis, ses blocages, c'est une autre façon de grandir et de profiter pleinement de sa vie. Alors, comme Max, vous serez libres…

Il s'amuse bien, il n'tombe jamais dans les pièges
Il n'se laisse pas étourdir par les néons des manèges
Il vit sa vie sans s'occuper des grimaces
Que font autour de lui les poissons dans la nasse...

Ne jugez pas trop vite

Laissez passer du temps avant d'émettre une opinion sur quelqu'un, quelque chose ou le nouveau facteur. En clôturant le dossier trop vite, vous risquez de vous priver des belles surprises de la vie.

Prenez votre temps

Ne courez pas plusieurs lièvres à la fois (oui, on sait, c'est une expression de vieux...). Lâchez votre portable, laisser tomber vos mails, et partez vous balader en forêt, ramassez des noix de coco, shootez sur des cailloux, courez après les mouettes et peignez la girafe.

En rentrant, vous aurez compris ce qui est important.

Soyez vous-même

N'empruntez pas les sentiers battus, réfléchissez, mais si marcher sur un chemin caillouteux s'avère votre destin, foncez ! Ça fait mal aux pieds, mais vous serez au moins assurés du bonheur d'enlever vos chaussures le soir venu.

Être soi, c'est assumer les passions qui nous brûlent de l'intérieur.

Dites à ceux que vous aimez… que vous les aimez

Oui, on dirait un diaporama dégoulinant de bonnes intention sur le net, et pourtant croyez-nous : n'hésitez jamais à continuer à murmurer des mots doux à ceux qui les méritent, comme vous le faites si souvent à nos sonotones.

Au fait, chers petits-enfants, si vous ne le saviez pas encore (mais ça nous étonnerait quand même) :

ON VOUS AIME !

À DÉCOUVRIR ÉGALEMENT

**GUIDE DE SURVIE
DU JEUNE PAPA**

ISBN : 978-2-36704-044-8
Prix : 9,90 €

**GUIDE DE SURVIE
DE LA JEUNE MAMAN**

ISBN : 978-2-36704-043-1
Prix : 9,90 €

**GUIDE DE SURVIE
DES JEUNES RETRAITÉS**

ISBN : 978-2-36704-114-8
Prix : 9,90 €

Votre (belle-)fille est jeune maman ou elle est sur le point de le devenir ? Vous pensez qu'elle aussi a besoin de son guide de survie ?

Recevez immédiatement par mail **15 LISTES EXTRAITES** DU *GUIDE DE SURVIE DE LA JEUNE MAMAN*

Rendez-vous sur la page

http://tut-tut.fr/guide-survie-grands-parents

ou scannez ce code

Achevé d'imprimer par Novoprint
Huitième tirage (décembre 2019)
Dépôt légal : février 2015
Imprimé en Espagne